首都圏版⑲ 使いやすい！教えやすい！家庭学習に最適の問題集！

東京都市大学 付属小学校

2021年度版 過去問題集

＜問題集の効果的な使い方＞

①お子さまの学習を始める前に、まずは保護者の方が「入試問題」の傾向や、どの程度難しいか把握します。もちろん、すべての「学習のポイント」にも目を通してください

②各分野の学習を先に行い、基礎学力を養いましょう！

③「力が付いてきたら」と思ったら「過去問題」にチャレンジ！

④お子さまの得意・苦手がわかったら、その分野の学習をすすめ、全体的なレベルアップを図りましょう！

合格のための問題集

東京都市大学付属小学校

お話の記憶	１話５分の読み聞かせお話集①・②
推理	Ｊｒ・ウォッチャー32「ブラックボックス」
図形	Ｊｒ・ウォッチャー１「点・線図形」
巧緻性	Ｊｒ・ウォッチャー51「運筆①」、52「運筆②」
常識	Ｊｒ・ウォッチャー12「日常生活」

全40問

昨年度実施の過去問題 ＋ それ以前の特徴的な問題 を収録!!

日本学習図書 ニチガク

目指せ！合格！ 家庭学習ガイド 東京都市大学付属小学校

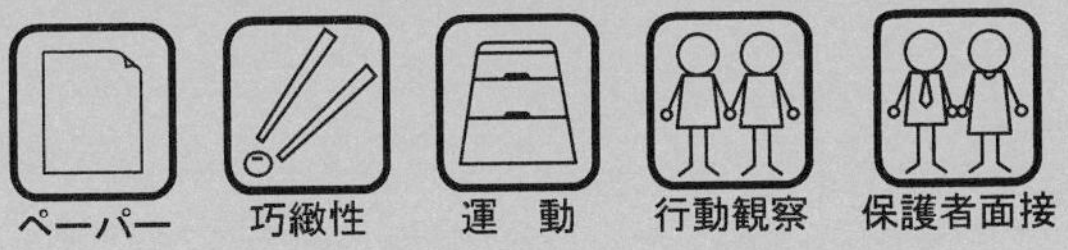

入試情報

応 募 者 数：男子 290 名　女子 181 名
出 題 形 態：ペーパー、ノンペーパー
面　　　　接：保護者面接（約５分）
出 題 領 域：ペーパー（お話の記憶、推理、図形、常識、言語、巧緻性など）、制作、運動、行動観察

入試対策

当校の入学試験は、例年 11 月３日・４日に実施され、試験日を選択することできます。
試験は、ペーパーテスト、行動観察、保護者面接が行われます。ここ数年、ペーパーの出題分野に大きな変化はありません。分野が幅広い分、取り組みにくいと考えがちですが、傾向的に大きな変化はないので、対策はとりやすいと言えるでしょう。まずは、バランスよく基礎的な力を養い、それに加えて、ひねりのある問題にも対応できる応用力を身に付けるようにしてください。
2019 年度入試では、行動観察中の制作が行われませんでしたが、2020 年度入試では、2018 年度以前と同様に、制作から制作物を使った行動観察という流れが復活しました。また、運動というほどではありませんが、行動観察の前に「模倣体操」「スキップ」「ジャンプ」といった、簡単な準備運動があります。対策をとるほどのものではありませんが、あるということを知っておいてください。

- ●ペーパーテストは、お話の記憶、常識、図形、推理、巧緻性などから出題され、時間は 20 ～ 25 分程度となっています。枚数は 10 枚程度で、基礎的な力がしっかりと付いていれば充分に対応可能な問題が大半です。
- ●同じ問題の中で難しさが増していったり、最後の1問が難しくなったりと、少しひねった出題方法もあるので、きちんと対応できる応用力も身に付けておきましょう。

必要とされる力 ベスト６

特に求められた力を集計し、左図にまとめました。
下図は各アイコンの説明です。

チャートで早わかり！

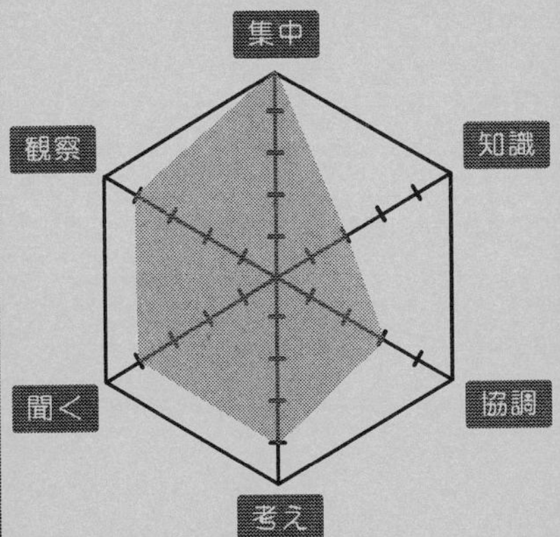

	アイコンの説明
集中	集　中　力…他のことに惑わされず１つのことに注意を向けて取り組む力
観察	観　察　力…２つのものの違いや詳細な部分に気付く力
聞く	聞　く　力…複雑な指示や長いお話を理解する力
考え	考える力…「～だから～だ」という思考ができる力
話す	話　す　力…自分の意志を伝え、人の意図を理解する力
語彙	語　彙　力…年齢相応の言葉を知っている力
創造	創　造　力…表現する力
公衆	公衆道徳…公衆場面におけるマナー、生活知識
知識	知　　　識…動植物、季節、一般常識の知識
協調	協　調　性…集団行動の中で、積極的かつ他人を思いやって行動する力

※各「力」の詳しい学習方法などは、ホームページに掲載してありますのでご覧ください。http://www.nichigaku.jp

「東京都市大学付属小学校」について

＜合格のためのアドバイス＞

近年、付属中学のレベルが上がってきたことや外部への進学実績が好調なことから、小学校の人気も高くなっている当校ですが、行動観察に変化はあったものの、入試全体に大きな変化は見られません。

ペーパーテストの特徴は、出題分野の幅が広いこと、そして、問題の最初の１問目が基礎、２問目が応用、３問目が発展問題というように、解き進めるごとに難しくなっていく出題方法をとることがあります。１番よくないパターンは、最初の基礎レベルの問題で自信を持って解答することができず、しかも残りを解くことができなかったという形です。少なくとも、基礎的な問題を解く力をしっかりと身に付けて臨みましょう。

当校を受験される方には、体験を通した学習をおすすめします。当校では正課として、「体験」の授業が低学年に設けられています。その目的は、ただ知識を得るだけでなく、時間をかけて観察したり、失敗を通して「なぜだろう」「どうしてだろう」と、自ら考えて学び、協力し合いながら達成感・充実感を得ることにあります。この考え方は、入学試験でも一貫しています。家庭学習において体験や失敗、自分で考える時間などを取り入れるようにしていきましょう。

昨年度の入試では、当校の特徴とも言える、自ら制作した物を使ってゲームを行なうという行動観察が行われませんでしたが2020年度入試ではもとに戻る形で、復活しました。

保護者面接は、お子さまの試験中に実施されます。内容は、志望理由に始まり、参加した公開行事の感想、子育てに関する質問などでした。保護者としてのしっかりとした方針を持って子育てをしていれば特に問題ありません。ご自身の子育てに自信を持って面接に臨みましょう。

〈2020年度選考〉

◆ペーパー（お話の記憶、推理、図形、常識、言語、巧緻性など）
◆制作
◆運動（模倣体操、ジャンプ、スキップ）
◆行動観察（ゲーム）
◆保護者面接（考査日に実施）

◇過去の応募状況

2020年度	男子290名	女子181名
2019年度	男子231名	女子159名
2018年度	男子322名	女子143名

入試のチェックポイント

◇生まれ月の考慮…「なし」
◇受験番号…願書受付順

〈本書掲載分以外の過去問題〉

◆常識：稲やキノコが育つ場所を選ぶ。［2017年度］
◆推理：水に砂糖を入れ１番甘くなるものを選ぶ。［2016年度］
◆図形：見本と同じ絵を探して○をつける。［2016年度］
◆言語：はじめの音をつなげてできる名前を選ぶ。［2015年度］

東京都市大学付属小学校

過去問題集

〈はじめに〉

現在、少子化が叫ばれているにもかかわらず、私立・国立小学校の入学試験には一定の応募者があります。入試は、ただやみくもに学習するだけでは成果を得ることはできません。志望校の過去における出題傾向を研究・把握した上で、練習を進めていくこと、その上で試験までに志願者の不得意分野を克服していくことが必須条件です。そこで、本問題集は小学校を受験される方々に、志望校の出題傾向をより詳しく知って頂くために、過去に遡り出題頻度の高い問題を結集いたしました。最新のデータを含む精選された過去問題集で実力をお付けください。

また、志望校の選択には弊社発行の「**2021年度版　首都圏・東日本　国立・私立小学校　進学のてびき**」をぜひ参考になさってください。

〈本書ご使用方法〉

◆出題者は出題前に一度問題を通読し、出題内容などを把握した上で、〈　準　備　〉の欄に表記してあるものを用意してから始めてください。

◆お子さまに絵の頁を渡し、出題者が問題文を読む形式で出題してください。問題を読んだ後で、絵の頁を渡す問題もありますのでご注意ください。

◆「**分野**」は、問題の分野を表しています。弊社の問題集の分野に対応していますので、復習の際の目安にお役立てください。

◆問題番号右端のアイコンは、各問題に必要な力を表しています。詳しくは、アドバイス頁（ピンク色の１枚目下部）をご覧ください。

◆一部の描画や工作、常識等の問題については、解答が省略されているものがあります。お子さまの答えが成り立つか、出題者が各自でご判断ください。

◆〈　時　間　〉につきましては、目安とお考えください。

◆解答右端の［○年度］は、問題の出題年度です。［2020年度］は、「2019年の秋から冬にかけて行われた2020年度入学志望者向けの考査で出題された問題」という意味です。

◆**学習のポイント**は、指導の際にご参考にしてください。

◆【**おすすめ問題集**】は各問題の基礎力養成や実力アップにご使用ください。

〈本書ご使用にあたっての注意点〉

◆文中に **この問題の絵は縦に使用してください。** と記載してある問題の絵は縦にしてお使いください。

◆〈　準　備　〉の欄で、クレヨンと表記してある場合は12色程度のものを、画用紙と表記してある場合は白い画用紙をご用意ください。

◆文中に **この問題の絵はありません。** と記載してある問題には絵の頁がありませんので、ご注意ください。なお、問題の絵の右上にある番号が連番でなくても、中央下の頁番号が連番の場合は落丁ではありません。

下記一覧表の●が付いている問題は絵がありません。

問題１	問題２	問題３	問題４	問題５	問題６	問題７	問題８	問題９	問題10
									●
問題11	問題12	問題13	問題14	問題15	問題16	問題17	問題18	問題19	問題20
								●	●
問題21	問題22	問題23	問題24	問題25	問題26	問題27	問題28	問題29	問題30
問題31	問題32	問題33	問題34	問題35	問題36	問題37	問題38	問題39	問題40
							●		

㊙得 先輩ママたちの声！

◆実際に受験をされた方からのアドバイスです。
ぜひ参考にしてください。

東京都市大学付属小学校

・入学試験の内容や出題分野などについて、ていねいな説明があるので、説明会は参加必須です。

・試験当日に保護者面接があるので、親子ともに緊張していましたが、先生方が和やかに接してくれたので、緊張がほぐれました。

・ペーパーテストが重要視されるので、過去問を利用し、よく対策をとっておくことをおすすめします。

・年々入学するのが難しくなっているようです。ペーパーテストでは基礎をしっかりおさえていないと合格は難しいと思いました。

・制作の途中でテスターの方から話しかけられた際、言葉につまってしまったようです。作業している時でも、しっかりした受け答えができるよう、日頃から社会性を意識した生活を送ることをおすすめします。

・さまざまな分野から出題されるペーパーテストに加え、運動、制作、面接も課されることから、子どもの総合的な力を評価しているのだと思いました。受験されるのであれば、きちんと対策をとっていかれた方がよいと思います。

・運動会に参加しましたが、中学受験に力を入れているイメージからは想像できないほど、活気あるものでした。未就学児が参加できる競技もあって子どもも楽しめますので、参加されるとよいと思います。

◎学習効果を上げるため、前掲の「家庭学習ガイド」及び「合格のためのアドバイス」をお読みになり、各校が実施する入試の出題傾向を、よく把握した上で問題に取り組んでください。
※冒頭の「本書ご使用方法」「本書ご使用にあたっての注意点」も併せてご覧ください。

〈東京都市大学付属小学校〉

※出題文は、基本的に先生によって直接読み上げられます。
※訂正は、間違った解答に×（バツ）か＝（二重線）をつけ、正解を書き直します。
※筆記用具は、鉛筆を使用します。

2020年度の最新問題

問題1　分野：お話の記憶　聞く　集中

〈準備〉　鉛筆

〈問題〉　お話をよく聞いて、後の質問に答えてください。

今日は、さとるくん、妹のさちこさん、お父さん、お母さんの４人で動物園に出かけます。動物園は家から少し遠いのでバスに乗って行くことにしました。
動物園に着くと、さとるくんは「ライオンが見たい」と言い、さちこさんは「キリンが見たい」と言いました。どっちも譲らないので、お母さんにジャンケンで決めないさいと言われ、ジャンケンをするとさちこさんがパーで勝ちました。最初にキリンを見に行くと、さちこさんが思っていた以上にキリンは大きく、こっちに向かって歩いてきたので、少しビックリしてしまいました。その後は、ゾウ、サル、ライオンを見に行って、お弁当の時間になりました。
お父さんとさとるくんはおにぎりを３個、お母さんは２個、さちこさんは１個食べました。お昼ごはんを食べておなかいっぱいになった後は、ヘビを見に行くことになったのですが、お母さんはヘビが苦手なので見に行きませんでした。ヘビはガラスケースの中にいて、大きいものや小さいもの、緑や黄色のきれいな色をしているものもいます。飼育員さんがいたので、さとるくんが「ヘビは何を食べるんですか」と聞くと、「カエルやネズミを食べるんだ」と答えてくれました。
そろそろ帰る時間になりました。さとるくんはトラのキーホルダーを、さちこさんはパンダのぬいぐるみをおみやげに買ってもらいました。みんな疲れてしまったので、タクシーに乗って家に帰りました。

（問題１の絵を渡す）
①さとるくんの家族は、何に乗って動物園に行ったでしょうか。選んで○をつけてください。
②動物園で最初に見た動物に○を、２番目に見た動物に△をつけてください。
③４人はおにぎりを何個食べたでしょうか。その数の分だけ四角の中に○を書いてください。
④ヘビは何を食べるでしょうか。飼育員さんが教えてくれたものに○をつけてください。

〈時間〉　各15秒

〈解答〉　①右から２番目（バス）　②左端に○（キリン）、左から２番目に△（ゾウ）
③○：９　④左端（カエル）、真ん中（ネズミ）

［2020年度出題］

学習のポイント

「〇〇で行く」「〇〇を見る」「〇個食べる」など、お話をちゃんと聞いていれば正解できる内容です。それだけに、確実に正解しておかなければいけない問題でもあるので、充分に練習をしておきましょう。お話の記憶に慣れてくると、出題のパターンがある程度予想できるようになります。はじめの頃はしっかりお話を聞くことに集中していたはずですが、徐々にお話ではなく問題への意識が強くなってきます。「ここは出そう」「ここは覚えておこう」といったことを考えていると、お話を「聞く」ことがおろそかになってしまうのです。問題集での学習に集中しすぎると、こうしたことになりがちなので、基本に返って、純粋に読み聞かせをしてあげることも大切です。お話をしっかり聞くことができれば、たいていの問題には対応できます。「聞く」ということを強く意識して学習に取り組んでください。

【おすすめ問題集】

１話５分の読み聞かせお話集①・②、お話の記憶問題集 初級編・中級編、
Ｊｒ・ウォッチャー19「お話の記憶」

問題2 分野：推理（ブラックボックス）

考え 観察

〈準備〉 鉛筆

〈問題〉 上の段を見てください。星の箱を通ると〇が２個減り、ハートの箱を通ると〇が１個増えるというお約束です。では、お約束の通りに下の段の箱を通ると、〇は何個になるでしょうか。その数の分だけ右端の四角の中に〇を書いてください。

〈時間〉 １分

〈解答〉 ①〇：７　②〇：６　③〇：３

[2020年度出題]

学習のポイント

ブラックボックスは、当校で出題頻度の高い分野なので、しっかりと対策をしておきましょう。本問は数の変化でしたが、ブラックボックスには、形の変化や色の変化もあるので、それぞれに対応できるように準備をしておくと安心です。数の変化は、その中でも比較的取り組みやすい問題で、数量としてもとらえることができます。お約束を、「星は２個ひく」「ハートは１個たす」というように具体的にすれば、問題を理解しやすくなるでしょう。上の段のお約束では、箱は１つでしたが、問題では、箱は複数置いてあります。まずは１つひとつ考えていくようにしましょう。はじめから効率よく解こうとするとミスの原因にもなります。スピードや効率は、確実にできるようになってからの目標です。

【おすすめ問題集】

Ｊｒ・ウォッチャー32「ブラックボックス」

問題3　分野：推理（シーソー）

考え　観察

〈準 備〉　鉛筆

〈問 題〉　**この問題の絵は縦に使用してください。**
上の段を見てください。それぞれ、絵のように重さが釣り合っています。では、真ん中の段のシーソーが釣り合うためには、どのくだものを載せればよいでしょうか。選んで○をつけてください。

〈時 間〉　1分

〈解 答〉　下図参照

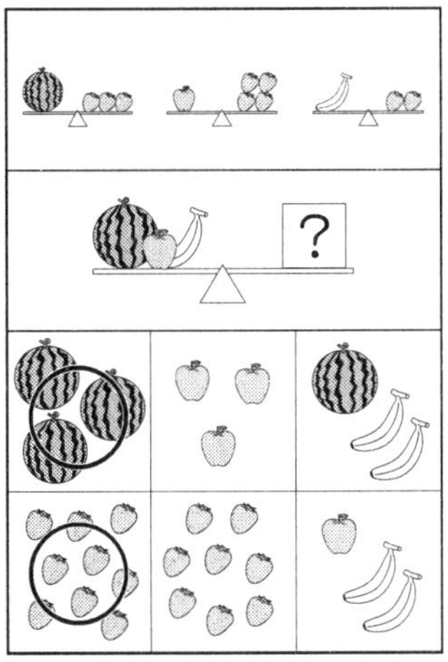

［2020年度出題］

学習のポイント

上の段と真ん中の段のシーソーの左側に載っているくだものが同じことに気付けば、イチゴ9個という正解を見つけることができます。ですが、ここで終わってしまっては、充分な正解にはなりません。もう1つの正解を見つけられるかが、本問のポイントと言えるでしょう。1つひとつ選択肢を確認していけば、正解を見つけることはできますが、時間がかかってしまうので、少しでもシンプルに考えられるように、同じくだものを除いて比較しましょう。例えば、右上の選択肢の「スイカ・バナナ・バナナ」と、真ん中のシーソーの左側の「スイカ・リンゴ・バナナ」は、スイカとバナナが同じなので、両方除いてしまえば、リンゴとバナナのシーソーになり、不正解ということがわかります。このようにして考えていけば、比較するものが少なくなるので、正解を見つけやすくなります。

【おすすめ問題集】
　Ｊｒ・ウォッチャー33「シーソー」

問題4　分野：巧緻性（運筆）

集中　観察

〈準　備〉　鉛筆

〈問　題〉　上のお手本と同じ順番で四角の中に線を書いてください。はじめのいくつかには線が書いてあります。点線で書いてあるところから始めてください。

〈時　間〉　１分

〈解　答〉　省略

［2020年度出題］

学習のポイント

ぱっと見た感じでは、系列か図形の問題かと思ってしまいそうですが、運筆の問題です。当校では、運筆（模写）の問題が例年出題されているので、一見単純に見えるこの課題に、よく観られるポイントがあるということを理解しておいてください。とは言っても、このような単純な運筆を繰り返し行うというのはあまり見たことがありません。模写ではあるのですが、単純作業を繰り返すことができるという、精神力を試しているようにも感じられます。保護者の方も実際にやってみるとわかると思いますが、意外と難しいものです。「ていねいに」「順番通りに」「速く」のすべてを意識して作業しなければいけません。マス目をすべて埋めることを優先してしまいがちですが、あくまでも運筆の課題ですので、きれいにできていなければ意味がありません。そうしたことをお子さまに理解させながら、練習するようにしてください。

【おすすめ問題集】
Ｊｒ・ウォッチャー１「点・線図形」、６「系列」、51「運筆①」、「運筆②」

問題5　分野：図形・巧緻性（点・線図形）

集中　観察

〈準　備〉　鉛筆

〈問　題〉　上の四角に書かれた線を、下の四角に同じように書き写してください。

〈時　間〉　１分30秒

〈解　答〉　省略

［2020年度出題］

家庭学習のコツ①　「先輩ママのアドバイス」を読みましょう！

本書冒頭の「先輩ママのアドバイス」には、実際に試験を経験された方の貴重なお話が掲載されています。対策学習への取り組み方だけでなく、試験場の雰囲気や会場での過ごし方、お子さまの健康管理、家庭学習の方法など、さまざまなことがらについてのアドバイスもあります。先輩ママの体験談、アドバイスに学び、ステップアップを図りましょう！

学習のポイント

例年出題されている、点・線図形の問題です。数年前までは、小学校受験としては超難問レベルの難しさでしたが、最近は常識的なレベルになってきました。点・線図形は、線がきれいに引けるかを観る「運筆」と、位置と形が把握できているかを観る「座標」の要素から成り立っています。学校によっては、座標の把握に重きを置いているところもありますが、当校では出題の傾向から考えると、運筆の要素がより強く感じられます。①を除けば形がマス目の外枠線いっぱいまで描かれているので、座標を間違えることは少ないでしょうし、曲線と斜め線が入った形がいつも出題されていることからも、運筆の技術を観ていることがわかります。運筆の基本は、鉛筆を正しく持つことです。それができていなければ、きれいな線を引くことは難しいので、まずは鉛筆の持ち方から見直してみましょう。

【おすすめ問題集】

Ｊｒ・ウォッチャー１「点・線図形」、２「座標」、51「運筆①」、「運筆②」

問題6　分野：図形（回転図形、図形の構成）

観察　考え

〈準備〉　鉛筆

〈問題〉　左の四角の中にある形を、●が上になるように回します。その形をくっつけた時に作ることができる形はどれでしょうか。右の四角の中から選んで○をつけてください。

〈時間〉　各40秒

〈解答〉　①左　②左　③右

［2020年度出題］

学習のポイント

回転図形と図形の構成の複合的な問題です。回転の指示が右や左ではなく、●が上にくるようにという指示なので、少し戸惑いがあるかもしれません。問題自体は、複合的な要素はあるものの、それほど難しいものではありません。形自体も単純なものですし、一般的な小学校受験の図形問題に取り組んでいれば、充分に対応できる問題です。もし、お子さまが難しく感じているようなら、形を切り取って、実際に動かしながら考えさせるようにしてみましょう。本問に限らず、わからない時は基本に戻ることが大切です。図形であれば具体物を使って、自分で手を動かし、目で見ながら考えることです。できないからといって、ペーパーの量を増やしても何の解決にもなりません。わからない時は、わかるところまで戻ることが理解のためには必要なのです。

【おすすめ問題集】

Ｊｒ・ウォッチャー46「回転図形」、54「図形の構成」

問題7　分野：言語（しりとり）

語彙　知識

〈準　備〉　鉛筆

〈問　題〉　矢印の順番でしりとりをする時、四角の中のどの絵を選べばつながっていくでしょうか。それぞれの四角の中から選んで○をつけてください。

〈時　間〉　１分30秒

〈解　答〉　下図参照

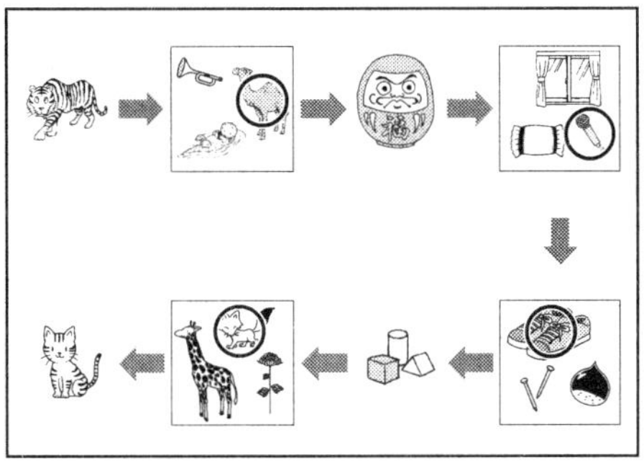

［2020年度出題］

学習のポイント

出題方法、絵の内容ともに難しい問題ではないので、確実に正解しておきたいところです。しりとりは、基本的には語彙力がすべてです。また、言葉を音として認識できていないと、すぐに答えることが難しいので、言葉は音の組み合わせでできているということも教えておく必要があります。語彙力を鍛えるのに、英単語を覚えるように、言葉だけを暗記するような学習をする必要はありません。日常の会話や読み聞かせなどで、保護者の方が、お子さまが聞いたことのない言葉を意識して使うことで、小学校受験に必要な語彙力は充分に養うことができます。言葉はコミュニケーションのための道具です。学習のためではなく、できるだけ生活の中で身に付けていくようにしましょう。

【おすすめ問題集】

Ｊｒ・ウォッチャー17「言葉の音遊び」、18「いろいろな言葉」、
49「しりとり」、60「言葉の音（おん）」

家庭学習のコツ②　「家庭学習ガイド」はママの味方！

問題演習を始める前に、試験の概要をまとめた「家庭学習ガイド（本書カラーページに掲載）」を読みましょう。「家庭学習ガイド」には、応募者数や試験課目の詳細のほか、学習を進める上で重要な情報が掲載されています。それらの情報で入試の傾向をつかみ、学習の方針を立ててから、対策学習を始めてください。

問題8　分野：常識（日常生活）

公衆　知識

〈準備〉　鉛筆

〈問題〉　左の四角の中にあるものは、ずっと前から使われているものです。今、その時と同じ使い方をしているものはどれでしょうか。選んで○をつけてください。

〈時間〉　各10秒

〈解答〉　①右（履くもの）　②真ん中（時間を知るもの）
③真ん中（涼しくなるもの）　④真ん中（明るくするもの）

［2020年度出題］

学習のポイント

小学校入試では、ひと昔前の道具が常識問題としてよく出題されます。名前を知っているだけではなく、用途なども関連付けて覚えていくようにしましょう。当校では、常識問題がよく出題されていますが、その内容は幅が広く、頻出と呼べるような分野はありません。ですので、常識問題対策としてではなく、生活の中で、体験をともなった知識として身に付けていくようにしましょう。本問で扱われているろうそくも、もしかしたら見たことがないというお子さまもいるかもしれません。わざわざ買ってくることはありませんが、何かの機会に見ることがあれば、「昔は電球代わりに使っていた」というような知識を伝えてあげてください。そうした小さな積み重ねを繰り返すことによって、知識は身に付いていくのです。

【おすすめ問題集】
Ｊｒ・ウォッチャー11「いろいろな仲間」、12「日常生活」

問題9　分野：制作（絵画）、行動観察（ゲーム）

協調　話す　聞く

〈準備〉　画用紙、クーピーペン、のり、水色の丸い台紙、サメの絵が貼られた三角コーン

〈問題〉　**この問題は絵を参考にしてください。**
①制作
・好きな生きものの絵を描く。
・水色の丸い台紙に貼り付ける。
②行動観察（ゲーム）
・①で描いた絵を貼り付けた台紙を間隔をおいて床に置く。サメの絵が貼られた三角コーンも置く。
・描いた絵を踏んだり、サメにぶつからないように反対側まで歩く。
・２人１組になって、１人は目隠しをして歩き、もう１人が誘導する。
・反対側まで行ったら、役割を交代して戻ってくる。

※しっぽを作って、鬼ごっこのようにそれを取り合う課題も行われました。

〈時間〉　適宜

〈解答〉　省略

［2020年度出題］

学習のポイント

①の制作は、この後に行われる行動観察のための道具作りという位置づけです。2019年度入試では制作課題がありませんでしたが、本年度は以前と同様に、制作から行動観察という流れに戻りました。②の行動観察は、ゲームとして楽しみながらできる課題ではありますが、お子さまの性格が出やすいものになっています。誘導する側になった時、どれだけ相手側の気持ちになって考えられるかが見えてきます。目隠しをしている相手にどういった言葉をかけるのか、思い通りに動いてくれなかった時にどういう態度をとるのかなど、さまざまなところが観られます。はじめて会ったお友だちとコミュニケーションをとりながら、２人で協力してゲームに取り組むという姿勢が大切です。勝ち負けにこだわりすぎてしまったり、夢中になりすぎてしまわないようにしましょう。

【おすすめ問題集】
　Ｊｒ・ウォッチャー24「絵画」、29「行動観察」

問題10　分野：面接（保護者面接）

話す　聞く

〈準備〉　なし

〈問題〉　この問題の絵はありません。

・本校への志望理由をお聞かせください。
・公開行事や説明会などで本校にいらしたことはありますか。何回来ましたか。
・印象に残っている行事はありましたか。
・本校のどんなところに魅力を感じていますか。
・ご家庭の教育方針を教えてください。
・休日はお子さまとどのように過ごしていますか。
・お子さまは何かお手伝いをしていますか。
・お子さまのよいところはどんなところですか。
・お子さまを叱る時はどんな時ですか。

〈時間〉　約５分

〈解答〉　省略

［2020年度出題］

学習のポイント

約５分という短い面接時間なので、あまり突っ込んだ質問をされることはありません。ただ、「公開行事や説明会に来たことがあるか」という質問は、「何度来たか」「印象に残った行事は」というように掘り下げて質問されることがあるので、説明会や公開行事には必ず参加しておくようにしましょう。それ以外は、小学校受験の面接ではおなじみの質問がほとんどです。しっかりと自分の言葉で答えられるようにしておきましょう。面接時間が短いということを考慮して、短い言葉で簡潔に伝えられれば、好印象を与えることができるかもしれません。面接はアピールの場ではなく、お互いを理解する場だということを覚えておきましょう。

【おすすめ問題集】
　新小学校受験の入試面接Ｑ＆Ａ、面接テスト問題集、面接最強マニュアル

2019年度以前の過去問題

問題11　分野：お話の記憶

聞く　集中

〈準備〉　鉛筆

〈問題〉　お話をよく聞いて、後の質問に答えてください。

今日は、ウサギくん、カバくん、イヌくんの３人で池に遊びに来ました。暖かい日差しの中、池の周りにはタンポポの花がたくさん咲いています。本当は４人で来るはずだったのですが、ネズミくんは風邪をひいてしまい、来られなくなってしまったのでした。「ネズミくん、楽しみにしていたのに残念だね」とウサギくんが言いました。
この池に来たのは、オタマジャクシがいっぱいいるとネズミくんが教えてくれたからでした。ですが、カバくんとウサギくんが池をのぞいてみても、オタマジャクシが見つかりません。そんな時、イヌくんが「こっちにいるよ！」と大きな声でみんなを呼びました。ウサギくんとカバくんが行ってみると、そこにはたくさんのオタマジャクシが泳いでいました。
お家から持ってきた網で、オタマジャクシを捕まえます。カバくんは丸、イヌくんは三角、ウサギくんは四角い網です。しばらくしてバケツを見てみると、10匹のオタマジャクシがいました。イヌくんは３匹、カバくんは２匹捕まえました。ウサギくんが「お家で育てたいな」と言うと、「でももう足が生えてきているよ。お家に持って帰るのはやめようよ」とカバくんは言いました。ウサギくんもイヌくんも大きくうなずいて、３人でいっしょにオタマジャクシを池に返してあげることにしました。
その時、池の中をよく見てみると、何か丸いものがたくさんあります。「これは何？」とカバくんが聞くと、イヌくんは「カエルの卵だよ」と答えてくれました。カバくんは、はじめて見るカエルの卵を珍しそうにずっとながめていました。
楽しい時間はあっという間に過ぎ、おなかも空いてきました。「サンドイッチを持ってきたからみんなで食べよう」とイヌくんが言うと、みんな大喜びです。「今度はネズミくんもいっしょに４人で来ようね」とみんなで約束をしたのでした。

（問題11の絵を渡す）
①このお話の季節と同じものに○をつけてください。
②３人が持ってきた網は、それぞれどの網でしょうか。正しいものを選んで、線で結んでください。
③最初にオタマジャクシを見つけた動物に○をつけてください。
④ウサギくんはオタマジャクシを何匹捕まえましたか。その数の分だけ四角の中に○を書いてください。

〈時間〉　各15秒

〈解答〉　下図参照

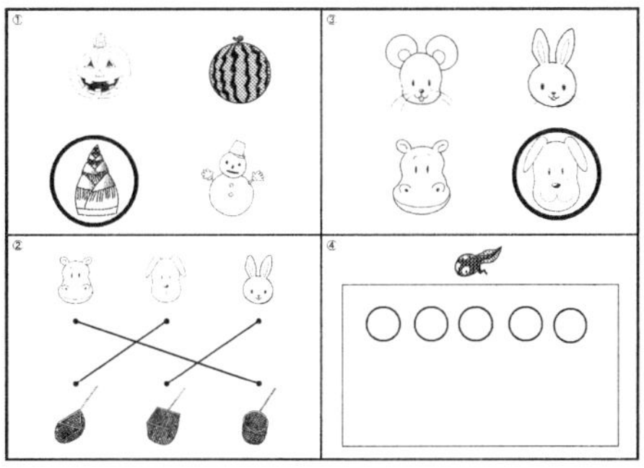

［2019年度出題］

学習のポイント

お話の長さ、問題の内容ともにオーソドックスな形なので、しっかり準備をしておけば、確実に正解できる問題です。ただ、当校でよくある出題パターンで、問題が徐々に難しくなっていったり、最後の問題だけ難しくなったりするものがあります。本問がまさにその形で、④の直接的な答えは、お話には出てきません。３人で捕まえた数とイヌくん、カバくんが捕まえた数から考えなければ、答えることができないのです。お話の記憶では、よく頭の中にイメージを描くことができるかがポイントと言われますが、ここではイメージしたものを使ってひき算することが求められるので、かなり難しいと言えるでしょう。慣れるまでは、記憶したものを一度書き出して考えた方が解きやすいでしょう。ですが、実際の試験では解答以外記入してはいけない場合もあるので、最終的には頭の中でできるようにしていかなければいけません。記憶と数量の問題を頭の中で切り替えて、正解を出せるようにしていきましょう。

【おすすめ問題集】
　１話５分の読み聞かせお話集①・②、お話の記憶 初級編・中級編・上級編、
　Ｊｒ・ウォッチャー19「お話の記憶」、34「季節」

問題12　分野：図形（展開）

考え　観察

〈準備〉　鉛筆

〈問題〉　左側の折り紙の色のついた部分を切り取って広げると、どんな形になるでしょうか。右側から選んで○をつけてください。

〈時間〉　１分

〈解答〉　①左から２番目　②右端　③左から２番目　④右から２番目

［2019年度出題］

学習のポイント

例年出題される図形分野の問題ですが、今年は展開の問題でした。当校は、図形の中でも、同図形探し、四方からの観察、回転など、さまざまな形式で出題されるので、過去に出題されていないジャンルの問題にも対応ができるように幅広い学習が必要となります。問題自体はそれほど難しいものではないので、基礎的な力をしっかり付けていくようにしていきましょう。解き方としては、折り線に対して線対称になるものを見つけるということですが、言葉で説明するよりも、折り紙などを使って実際に目で見せてあげることが１番簡単で、理解も早いでしょう。理屈で考えることもできますが、感覚として身に付けてしまえば、瞬間的に解答することができるので、試験本番では時間の短縮にもなります。紙と鉛筆を使った学習としてではなく、折り紙を使った遊びとして、お子さまといっしょに楽しみながら学んでいくことのできる問題です。

【おすすめ問題集】
　Ｊｒ・ウォッチャー５「回転・展開」

問題14　分野：数量（数の構成）

考え　観察

〈準　備〉　鉛筆

〈問　題〉　右側の４つの四角の中から、どれとどれを合わせると左側の四角と同じになるでしょうか。２つ選んで○をつけてください。

〈時　間〉　１分

〈解　答〉　下図参照

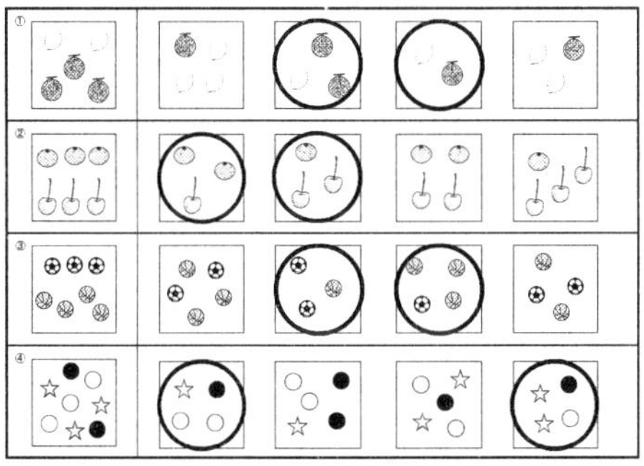

［2019年度出題］

学習のポイント

この問題を解くのには、例えば「５」という数がいくつといくつから成り立っているかということを理解していないと難しいでしょう。「５」は「２と３」から成り立っており（もちろん「３と２」「１と４」「４と１」でも成り立ちます）、いくつかの数に分けることもできるということがわかっていればスムーズに解答できます。本問は、２つの数を合わせる問題ですが、その中に異なる絵柄があるので、複雑さが増しています。解き方を１番上の段を例にあげて説明します。最初に数だけに注目すると、２つと３つという組み合わせが成り立ち、左端が消えます。その次に、レモンに注目すると、１つと１つという組み合わせが成り立ち、右端が消え、残ったものが答えになります。基本的な考え方としては、この方法です。ただ、こうした手順を踏んで解答するのは、はじめのうちだけでしょう。入学試験ではそれほどゆっくりした時間を与えてくれないので、頭ではなく、目で見て答えが出せるように学習を進めてください。

【おすすめ問題集】

Ｊｒ・ウォッチャー38「たし算・ひき算１」、39「たし算・ひき算２」、40「数を分ける」、41「数の構成」

問題13　分野：図形（座標）

考え　観察

〈準 備〉　鉛筆

〈問 題〉　上の四角の中の絵を見てください。それぞれ絵が記号に変わるお約束が書いてあります。このお約束通り、左側のマス目に書かれている絵と同じ位置に、右側のマス目に記号を書いてください。

〈時 間〉　１分

〈解 答〉　下図参照

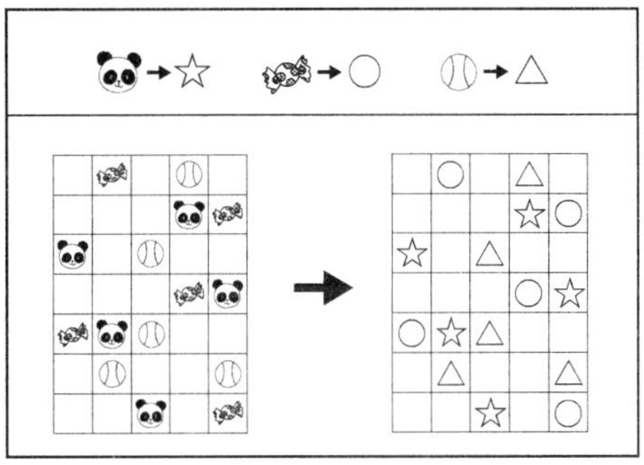

［2019年度出題］

学習のポイント

単純に同じ記号を書き写すのではなく、お約束に合わせて置き換えた記号を書くという、ひとひねり加えた座標問題です。一般的な座標問題は同じ記号を同じマス目に書くという目と手を使った単純な作業になりますが、本問では頭を使うことも求められます。考え方は一般的な座標問題と変わりはなく、求められるのは正確な作業なのですが、記号に置き換える分、気を配らなければならない部分が多くなります。解答の仕方はいくつかあると思いますが、左上からスタートして、上から下、左から右に移動しながら書き写していくのが、オーソドックスな方法です。また、ミスをしないためにも３つの記号をまとめて書き写すのではなく、同じ記号ごとに分けて行なうようにしましょう。時間をかければ確実に正解できる問題なので、解答時間はシビアに設定されており、その中でどれだけ正確にできるかが観られることになります。

【おすすめ問題集】
　Ｊｒ・ウォッチャー２「座標」、57「置き換え」

家庭学習のコツ③　効果的な学習方法～問題集を通読する

過去問題集を始めるにあたり、いきなり問題に取り組んではいませんか？　それでは本書を有効活用しているとは言えません。まず、保護者の方が、すべてを一通り読み、当校の傾向、ポイント、問題のアドバイスを頭に入れてください。そうすることにより、保護者の方の指導力がアップします。また、日常生活のさまざまなことから、保護者の方自身が「作問」することができるようになっていきます。

問題15　分野：推理（ブラックボックス）

考え　観察

〈準備〉　鉛筆

〈問題〉　1番上の段を見てください。×や△の箱を通るとスイカの数が変わるお約束です。では、下の段の「？」が書いてある四角にはスイカが何個入っているでしょうか。その数の分だけ、右端の四角の中に○を書いてください。

〈時間〉　1分

〈解答〉　①○：3　②○：4　③○：4

［2019年度出題］

学習のポイント

数の変化のブラックボックスは、たいていの場合、たし算・ひき算の問題として考えることができます。本問では、2個のスイカが×を通ると3個になり、3個のスイカが△を通ると2個になります。つまり、数字に置き換えれば、×は＋1、△は－2となります。最初のうちは、「1つ増える」「2つ減る」というように、1つひとつ確認しながら解いていく形でもよいですが、箱の数が多くなるにつれ、時間がかかります。なので、先に箱をまとめて考え、箱全体で何個増える（何個減る）という形を作ってしまいましょう。そうすることで、計算がシンプルになります。③のように、スイカの数、箱の数が多くなるほど時間の短縮が見込めるので、試験本番での効果は大きくなります。

【おすすめ問題集】

Ｊｒ・ウォッチャー32「ブラックボックス」

問題16　分野：言語（しりとり）

語彙　知識

〈準備〉　鉛筆

〈問題〉　四角の中の絵を使ってしりとりをしてください。★のついている絵から始めます。①は1つ、②は2つ使わない絵があります。その絵に○をつけてください。

〈時間〉　各40秒

〈解答〉　下図参照

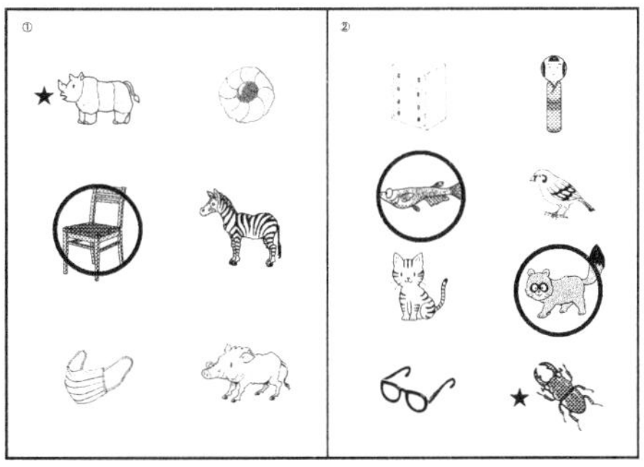

［2019年度出題］

学習のポイント

まずは、その絵が何を表しているのかがわからないと問題を解くことができないので、そこがスタートとなります。そうした、ものの名前は、日常生活の中で覚えることができるので、ふだんから積極的にお子さまに質問してみてください。名前がわかっていれば、しりとり自体に問題はないと思いますが、出題の仕方に少しひねりがあるので、問題の指示をしっかりと聞きましょう。しりとりをつなげながら、使う絵に○をつけてしまいがちですが、本問は「使わない絵」に○です。つまり、１番最後に○をつけることになります。②は「使わない絵」「２つ」に○です。１つだと勘違いして、つながらないと悩まないように気を付けてください。そうしたところでの時間のロスはもったいないので、しっかりと問題を聞いてから解答するようにしましょう。ちなみに、こうした問題では、スタートのすぐそばに使わない絵があるパターンがよくあります。こうした絵はいわゆる引っかけですので、飛びついて無駄な時間を使わないように、全体を見てから始めましょう。

【おすすめ問題集】
Ｊｒ・ウォッチャー12「日常生活」、17「言葉の音遊び」、
18「いろいろな言葉」、49「しりとり」、60「言葉の音（おん）」

問題17　分野：常識（日常生活・季節・理科）　公衆　知識

〈準　備〉　鉛筆

〈問　題〉　それぞれの段にいる動物がお話をします。正しいことを言っている動物に○をつけてください。

①サルさんは言いました「昼に会った時に『おはよう』と言います」
　トラさんは言いました「夜寝る前に『おはよう』と言います」
　ウシさんは言いました「朝起きた時に『おはよう』と言います」
　ゾウさんは言いました「悪いことをした時に『おはよう』と言います」
②サルさんは言いました「お花見は夏にする行事です」
　トラさんは言いました「お月見は秋にする行事です」
　ウシさんは言いました「お花見は冬にする行事です」
　ゾウさんは言いました「お月見は春にする行事です」
③サルさんは言いました「トンボの幼虫はヤゴと言って、土の中にいます」
　トラさんは言いました「トンボの幼虫はヤゴと言って、水の中にいます」
　ウシさんは言いました「トンボの幼虫はイモムシと言って、土の中にいます」
　ゾウさんは言いました「トンボの幼虫はイモムシと言って、水の中にいます」
④サルさんは言いました「シマウマはいつも肉を食べています」
　トラさんは言いました「シマウマはいつも虫を食べています」
　ウシさんは言いました「シマウマはいつも草を食べています」
　ゾウさんは言いました「シマウマはいつも魚を食べています」

〈時　間〉　各10秒

〈解　答〉　①右から２番目　②左から２番目　③左から２番目　④右から２番目

［2019年度出題］

学習のポイント

例年出題される常識分野の問題ですが、動物の発言形式というあまり見かけない出題方法となっています。日常生活、季節、理科と幅広く出題されていますが、その問題自体の難しさではなく、出題方法に戸惑ってしまうかもしれません。保護者の方は、文字を見ているので簡単に思えるかもしれませんが、お子さまが臨む入試では耳からの情報となります。正解がわかっていたとしても、「○○さんは言いました」という、誰が言ったかという部分を聞き逃したり、聞き間違えてしまったりすると答えられなくなってしまいます。細部までの注意が必要です。常識分野とはなっていますが、日常生活に関する常識はともかく、季節や理科常識は、ふだんの生活から得るものとはなりにくくなっています。季節感や生きものの生態などについては、メディアを利用してもかまいません。お子さまといっしょに学んでいきましょう。

【おすすめ問題集】

Ｊｒ・ウォッチャー12「日常生活」、27「理科」、34「季節」、55「理科②」

問題18　分野：巧緻性・図形（線図形）

集中　観察

〈準備〉　鉛筆

〈問題〉　上の四角に書かれた線を、下の四角に同じように書き写してください。

〈時間〉　１分30秒

〈解答〉　省略

［2019年度出題］

学習のポイント

本問題集にも収録されている、過去の問題に比べればやさしくはなっていますが、模写する図形に曲線が含まれているので、難しさも残っています。線図形と呼ばれることもあるこの問題ですが、当校では巧緻性という部分を重視しており、同じ図形と認識できるだけでなく、ていねいさも求められています。そういった意味では、曲線部分の「出来」が大きなウェイトを占めていると言ってもよいでしょう。書き方としては、線を引くという言葉の通り、右利きの場合、左から右、上から下という方向に鉛筆を引いて動かした方が、スムーズに線を引くことができます。その反対の動きで線を引くと鉛筆を押す形になってしまい、きれいな線を引くことが難しくなります。曲線の対策としては、白い紙の上で○を書く練習をしてみましょう。さまざまな大きさの○を思い通りに書くことができれば、曲線も怖くはありません。

【おすすめ問題集】

Ｊｒ・ウォッチャー１「点・線図形」、51「運筆①」、52「運筆②」

問題19　分野：行動観察（集団行動）

協調　話す　聞く

〈準備〉　ジョイントマット（25枚）、小さなカラーコーン（２色×２個）、矢印のボード（21枚）

〈問題〉　この問題の絵はありません。

（６人程度のグループで行なう）

①ジョイントマットを５×５マスに並べます。

②指示に従って、マットの上にカラーコーンを置きます。

③みんなで協力しながら、同じ色同士のカラーコーンがつながるように矢印のボードを並べます。

④ただし、マス目がすべて埋まるように、矢印のボードを並べなくてはいけません。

⑤２チームでどちらが早くできるか競争する形で行います。

〈時間〉　10分

〈解答〉　下図参照（一例）

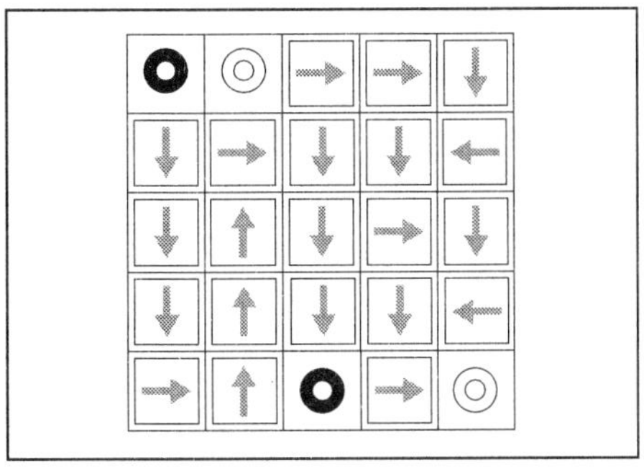

［2019年度出題］

学習のポイント

本年は、制作から制作物を使ったゲームという、当校の特徴的な行動観察ではなく、ゲームの中での行動観察という形に変更になりました。パズル的要素の強いゲームなので、みんなの答えが一致していないと、行動もバラバラになってしまいます。自分の意見を言う、ほかの人の話を聞くといった、基本的なコミュニケーションをとりながら、グループとしての答えを見つけていくことが大切になります。こうした行動観察は、グループの中での個人という部分が観られています。年齢なりの社会性が求められているのです。得意な部分は積極的に、苦手な部分は手伝ってもらいながらというように、グループに積極的に関わっていく姿勢が評価されます。先生たちは、行動観察を通して、小学校に入った後の姿を考えながら、お子さまを観ているのです。

【おすすめ問題集】

Ｊｒ・ウォッチャー29「行動観察」

問題20　分野：運動（模倣体操）

集中　聞く

〈準　備〉　なし

〈問　題〉　**この問題の絵はありません。**
体操をします。私がする通りに動きを真似してください。（以下、出題者は問題文を読み上げながら体を動かす。1項目ずつ行う）

①指の体操をします。親指から小指まで、順番に折ります。
②今度は親指から小指まで、順番に開きます。
③両手を肩、胸、腰の順番に置いて、先生と同じポーズをとってください。

〈時　間〉　5分

〈解　答〉　省略

［2019年度出題］

学習のポイント

当校では、例年模倣体操が行われています。課された運動は難しいものではありませんが、だからこそ、お子さまのやる気の有無が表れやすいと言えるでしょう。先生の指示をよく聞いて、元気よく行動してください。指示を聞く時は先生の方を向く、運動する時はテキパキ動く、周りのお友だちとおしゃべりしないといった基本的なルールを守っていれば問題ありません。体を動かす時は1つひとつの動作をきっちりと区切って行いましょう。動作を連続させてしまうと、全体的にだらしなく見えてしまいます。1つの動作を終えたら、一瞬動きを止め、それから次の動作に移ると、メリハリの付いた動きに見えます。お子さまの動きが「何か今ひとつ……」という場合は、鏡やスマートフォンなどを使い、お子さま自身の目で動きを確認させるのがよいでしょう。どこの動きを直せばよいのか理解する助けになります。

【おすすめ問題集】
新運動テスト問題集、Ｊｒ・ウォッチャー28「運動」

家庭学習のコツ④　効果的な学習方法～お子さまの今の実力を知る

1年分の問題を解き終えた後、「家庭学習ガイド」に掲載されているレーダーチャートを参考に、目標への到達度をはかってみましょう。また、あわせてお子さまの得意・不得意の見きわめも行ってください。苦手な分野の対策にあたっては、お子さまに無理をさせず、理解度に合わせて学習するとよいでしょう。

問題21　分野：お話の記憶

聞く　集中

〈準 備〉　鉛筆

〈問 題〉　お話をよく聞いて、後の質問に答えてください。

たけしくんは、お父さん、お母さん、弟の４人で、おじいさんの家に遊びに行きました。おじいさんの家には、お父さんが運転する車に乗っていきます。家に着くと、おじいさんとおばあさんとイヌのタロウが待っていました。たけしくんはおじいさんとおばあさんに、「こんにちは」とあいさつをしました。おじいさんは「いらっしゃい、たけし」と言いました。おばあさんは、「よく来たね。畑においしい野菜がたくさんあるから、みんなで採ってきて食べましょう」と言いました。そこでたけしくんは、弟といっしょに畑に行って、おばあさんのお手伝いをすることにしました。
おばあさんの畑には、トマト、キュウリ、ナスなど、たくさんの野菜がありました。２人は野菜を採ってカゴの中に入れていきます。夢中になって採っているうちに、２人はたくさん汗をかきました。そこで２人は近くの大きな木の下で休憩をしました。木にはたくさんのセミがいて、元気に鳴いていました。セミの声を聞きながら、おじいさんから借りた水玉模様のタオルで汗を拭くと、さっぱりしていい気持ちになりました。おばあさんが「トマトがおいしいから、トマトをたくさん採ってちょうだい」と言ったので、２人はトマトを採りました。数えてみると、たけしくんはトマトを８個、弟は４個採りました。それを見たおばあさんは、「たくさんトマトを採ってくれたのね。ありがとう」と、褒めてくれたので、２人はうれしくなってニッコリ笑いました。

（問題21の絵を渡す）
①１番上の段を見てください。お話に出てきたものを選んで○をつけてください。
②上から２番目の段を見てください。このお話の季節と同じものを選んで○をつけてください。
③下から２番目の段を見てください。お話に出てきたタオルと同じ模様のものを選んで○をつけてください。
④１番下の段を見てください。たけしくんはトマトをいくつ採りましたか。その数の分だけ○を書いてください。

〈時 間〉　各10秒

〈解 答〉　①左から２番目（イヌ）　②左端（スイカ）　③右端（水玉模様）　④○：８

［2018年度出題］

学習のポイント

当校のお話の記憶では、季節、数、模様などが問われます。例年、傾向に変化はなく、スタンダードな出題なので、取りこぼしがないように確実に解答したい分野です。それぞれの問題に焦点を当てると、まず、①と③は出てきたものを覚えていれば問題なく答えられるでしょう。②は季節を答える問題です。お話に出てくるセミとトマトが夏のものだと知っていればすぐにわかります。食事に旬の食材を使う、季節の行事に参加するなどして日常生活の中で季節を感じる機会を作ってください。④は、たけしくんと弟が採ったトマトの数を混同しないよう気を付けましょう。記憶する力は、アドバイスをしたからといってすぐに身に付くものではありません。特にお話の記憶は、読み聞かせの量に比例すると言われています。毎日読み聞かせを行い、情景を思い浮かべながら聞きとる練習を繰り返しましょう。読み聞かせの後、内容について質問するだけでなく、関係したことも含めて質問するとよいでしょう。

【おすすめ問題集】
　1話5分の読み聞かせお話集①・②、お話の記憶 初級編・中級編・上級編、
Ｊｒ・ウォッチャー19「お話の記憶」、34「季節」

問題22　分野：常識（昔話）　知識

〈準備〉　鉛筆

〈問題〉　上の絵と関係のあるものを下から選んで、●同士を線で結んでください。

〈時間〉　30秒

〈解答〉　下図参照

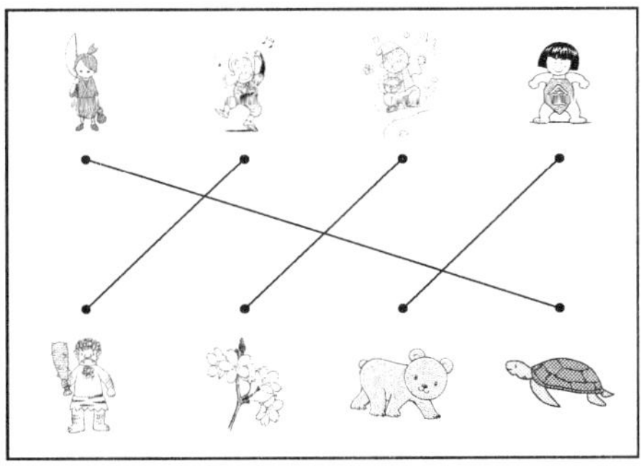

［2018年度出題］

学習のポイント

上の絵が示す昔話と関係するものを答える問題です。出題されている昔話はどれも一般的なものなので、それぞれの登場人物の特徴を見れば、何のお話なのか判断することができるでしょう。過去には、本問で挙げられた昔話以外にも「桃太郎」「一寸法師」「かちかち山」などが出題されました。これらの昔話はお話の内容を知っていることを前提として質問がされています。オーソドックスなお話はもちろんのこと、はじめて聞くお話にも対応しなければならず、対策が難しい分野だと言えます。ポイントは、抑揚をつけずにお話を読み上げることです。最初はお話に興味を持たせるために抑揚をつけても構いませんが、実際の入試では抑揚はつきません。淡々と読まれるお話を聞いて答えなければならないので、その状況に慣れておく必要があります。また、解答の線を引く時は、●の中心から中心へ、濃い線を真っすぐ引くようにしてください。薄い線や、中心をとらえられていない線は、採点者によっては正解として扱われない場合があるかもしれません。誰が見てもわかる線を引けるように、筆記用具の使い方も練習しておきましょう。

【おすすめ問題集】

1話5分の読み聞かせお話集①・②、お話の記憶 初級編・中級編・上級編、
Ｊｒ・ウォッチャー11「いろいろな仲間」、19「お話の記憶」

問題23　分野：図形（重ね図形）

考え　観察　集中

〈準　備〉　鉛筆

〈問　題〉　左側の２枚の絵を、向きを変えないまま重ねるとどのように見えますか。右側から選んで○をつけてください。

〈時　間〉　２分

〈解　答〉　①左端　②右から２番目　③右端　④左から２番目

［2018年度出題］

学習のポイント

当校では頻出の、図形分野の問題です。この分野の問題は、鏡図形や回転図形などさまざまな出題がされます。分野を絞らず、幅広い練習問題に取り組んでください。本問は絵を反転や回転させずに、そのまま重ねた時にどうなるかが問われています。解き方のポイントとしては、お手本と同じ部分のマスが塗られているかを見比べると、選択肢を絞り込みやすくなります。例えば、①の左のお手本は左上が塗られているので、右端は選択肢から外れます。次に、右のお手本を見ると、右半分が塗られているので、左端が正解だと絞り込むことができます。見比べる時は１マスずつではなく、右半分と左半分など、いくつかのマスをまとめて見比べ、解答時間を短縮してください。なお、④の問題は塗られたマスの代わりに記号が書かれたマスがありますが、考え方は同じです。記号の位置に気を付けて解答してください。応用問題として、絵を本のように折りたたんで重ねる、回転させてから重ねるなどの出題方法があります。

【おすすめ問題集】

Ｊｒ・ウォッチャー35「重ね図形」

問題24　分野：言語（日常生活、反対語）

語彙　聞く

〈準　備〉　鉛筆

〈問　題〉　①朝起きた時、クマさんは「ごめんなさい」と言いました。リスさんは「ごちそうさま」と言いました。ブタさんは「おはようございます」と言いました。正しいのは誰ですか。○をつけてください。
②「大きい」の反対の言葉を聞かれて、クマさんは「短い」と答えました。リスさんは「小さい」と答えました。ブタさんは「寒い」と答えました。正しいのは誰ですか。○をつけてください。
③「明るい」の反対の言葉を聞かれて、クマさんは「深い」と答えました。リスさんは「高い」と答えました。ブタさんは「暗い」と答えました。正しいのは誰ですか。○をつけてください。
④紫色を作るには何色と何色の絵の具を混ぜるかを聞かれて、クマさんは「赤と青です」と答えました。リスさんは「緑と黄色です」と答えました。ブタさんは「青と白です」と答えました。正しいのは誰ですか。○をつけてください。

〈時　間〉　各10秒

〈解　答〉　①右（ブタ）　②真ん中（リス）　③右（ブタ）　④左（クマ）

［2018年度出題］

学習のポイント

日常生活の中で使う言葉に関して問われており、基本的な言葉を知っていれば解答できるでしょう。解答の正誤だけでなく、正解にならなかった言葉をどのような場面で使用するのかもお子さまに聞いてください。類題をその場でアレンジすることができます。それぞれの問題に目を向けると、①は正しい朝のあいさつが問われます。場面や時間に沿ったあいさつは、一般的なマナーです。お子さまにはしっかりと身に付けさせておいてください。②③は反対語を答える問題です。お子さまは、こうした言葉を日常生活の中で耳にしているはずですから、それを思い出せるかどうかで答えられるかどうかが決まります。日頃の学習の中で、反対語のある言葉が出てきた時に、その言葉をお子さまに答えさせるなどの方法で、単語を意識させてください。④は色の合成を答える問題です。解答の「紫＝赤＋青」や「緑＝青＋黄色」「オレンジ色＝赤＋黄色」などの基本的な色の配合は覚えておくとよいでしょう。教える時は、実際に絵の具を混ぜ合わせて変化を見せると理解しやすくなります。本問は、数匹の動物が発言をして、正しい言葉を使った動物に○をつけて解答する独特な出題方法です。慣れていないとお子さまは戸惑ってしまうことがあります。そうしたことを避けるためにもさまざまな類題や応用問題に取り組み、独特な出題方法が出ても動じないようにしましょう。

【おすすめ問題集】
Ｊｒ・ウォッチャー12「日常生活」、18「いろいろな言葉」

問題25　分野：言語（しりとり）　語彙

〈準 備〉　鉛筆

〈問 題〉　上の列の絵でしりとりをすると、空いている四角には何が入りますか。下から選んで、それぞれ線で結んでください。

〈時 間〉　1分

〈解 答〉　下図参照

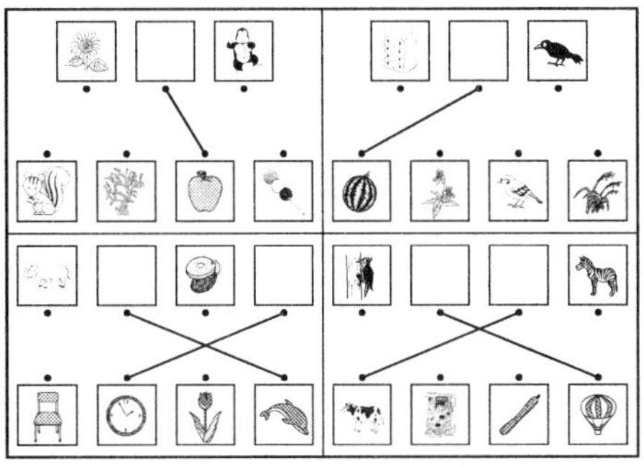

［2018年度出題］

学習のポイント

①から③までは基本的なしりとりの問題ですが、④は応用問題です。解答箇所が２マス続けて並んでいるため、工夫して取り組まなければいけません。解き方としては、まず、１マス目の最後の音で始まる言葉を選びます。次に、４マス目の最初の音で終わる言葉を選びます。最後に、選んだ選択肢がしりとりでつながるかどうかを確かめてください。本問で例えると、「キツツキ」からつながる言葉は「キキュウ」と「キュウリ」で、「シマウマ」に続く言葉は「ウシ」と「シンブンシ」です。これらの選択肢の中でつながるものを探すと「キキュウ」と「ウシ」だとわかります。こうした複雑な問題に解答するためには、さまざまな組み合わせを試す思考の切り替えの早さが求められます。問題が複雑になると、お子さまは考えることに気を取られてしまい、思わぬミスをしてしまう場合があります。こうしたミスは、見直しをする習慣を身に付けておくと防ぐことができます。

【おすすめ問題集】
Ｊｒ・ウォッチャー12「日常生活」、17「言葉の音遊び」、
18「いろいろな言葉」、49「しりとり」、60「言葉の音（おん）」

問題26　分野：推理（水の量）　考え　観察

〈準 備〉　鉛筆

〈問 題〉　４つの容器の中に同じ量の水を入れた時、水面の高さが１番高くなるのはどれですか。その容器の下にある四角に○を書いてください。

〈時 間〉　20秒

〈解 答〉　右端

［2018年度出題］

学習のポイント

容器には目盛りがついていないので、目盛りを判断基準にはできません。問題の条件から水の高さを推測しなくてはいけません。入れる水の量が同じ場合、水の高さは容器の直径によって決まります。直径が細いほど水の高さは高くなります。逆に、水の高さが同じ場合、直径が太いほど中に入っている水の量は多くなります。容器に入った水の量を答える問題などに応用できる知識ですから、お子さまにはセットで教えてください。以上のことから、本問で水面が最も高くなる容器は右端だとわかります。こうした理科的知識をお子さまに言葉で説明するのは難しいので、実際に容器と水を用意して、問題と同じ条件で実験してみてください。問題で使われている形だけでなく、身の周りの容器に問題と同じように水を入れて高さを比べるとよいでしょう。水量に限らず、ひもの長さやものの重さについても同様に、比較するための基準を考えてから正解を求めるようにしましょう。

【おすすめ問題集】

Ｊｒ・ウォッチャー15「比較」、27「理科」、55「理科②」、58「比較②」

問題27　分野：数量（数を分ける）

観察　考え

〈準備〉　鉛筆

〈問題〉　左にあるくだものを、同じ段の人たちで分けると、何個ずつ渡せばよいですか。その数だけ、右の四角に○を書いてください。

〈時間〉　２分

〈解答〉　①○：２　②○：３　③○：３　④○：４

［2018年度出題］

学習のポイント

小学校で習う割り算の問題ですが、受験するお子さまはまだ未就学児ですから、割り算は使えません。１つの方法として、グループ分けの考え方があります。分ける数の中で○個のグループがいくつできるか、と考え正解を求める方法です。慣れないうちは指でさして数える、絵を○で囲むなど補助が必要になると思いますが、補助なし答えられることを目標にしましょう。わからない時は、おはじきなどの具体物を実際に指で動かす方法や、お菓子を人数分配るなどの日常生活に関する行動を通して練習することをおすすめします。その中で、均等に分配できない（余りが発生する）時の考え方なども身に付けておくとよいでしょう。この問題の対策に限らず、ものを素早く数える練習することをおすすめします。例えば、数の扱いに慣れると、少ない数がいくつなのかひと目で理解でき、早く解答できるようになります。本問なら、分ける人数が２人か３人か見ただけで判断できるようになると、数える手間が省けて、解答時間を短縮できます。

【おすすめ問題集】

Ｊｒ・ウォッチャー38「たし算・ひき算１」、39「たし算・ひき算２」、
40「数を分ける」、41「数の構成」

問題28　分野：巧緻性・図形（線図形）

観察　集中

〈準備〉　鉛筆

〈問題〉　上の四角に書かれた線を、下の四角に同じように書き写してください。

〈時間〉　１分30秒

〈解答〉　省略

［2018年度出題］

学習のポイント

本問のポイントは、線がマス目のどの位置に描かれているのかを正確に把握することです。線を引く位置がずれていると、形が合っていても正しく写せたとは言えません。線を引く時は、始点と終点を把握して、２つの点をつなげる方法にすると、線の位置がずれなくなります。そのためには、上（下）から○本目の線と、左（右）から○本目の線が交わる点、というように座標を使って線の始点と終点を把握してください。１本の線を引いたら、次の終点を決め線を引く、という作業を繰り返せば、最終的にお手本と同じ形ができます。また、当校の入試では、例年、鉛筆が筆記用具として使われています。鉛筆で線を引く時は、誰が見てもわかるように、筆圧を意識することも忘れないでください。縦か横の線を引く時は、マス目の線に沿って引くと線が乱れずにすみます。斜めに引く場合は、マス目の交点を基準にして、そこから次の交点に向かって引くようにすると、きれいな直線が引けます。

【おすすめ問題集】

Ｊｒ・ウォッチャー１「点・線図形」、51「運筆①」、52「運筆②」

問題29　分野：制作・行動観察

創造　協調

〈準備〉　画用紙（Ａ４サイズ、５枚程度）、セロハンテープ、クーピーペン（12色）、机（３台）

〈問題〉　**この問題は絵を参考にしてください。**

（６人程度のグループで行う。あらかじめ準備した道具を１人ずつ渡す）

これからドミノ倒しゲームをしましょう。私がお手本を見せますから、その通りにドミノのコマを作ってください。作業は机の上でしてください。

①２人１組のペアを作って、３チームに分かれてください。

②渡した画用紙を３つに折って、端をセロハンテープで留めます。

③セロハンテープで留めた部分とは反対の面に、クーピーペンで好きな絵を描きます。ただし、ペアになったお友だちと同じ絵を描いてはいけません。

④これでドミノのコマが完成です。同じように、渡した画用紙すべてをドミノのコマにします。

⑤すべての画用紙をドミノのコマにしたら、ペアで協力して机の上に並べて、ドミノ倒しをして遊んでください。

〈時間〉　20分

〈解答〉　省略

［2018年度出題］

学習のポイント

①から④までが制作で、⑤は作ったドミノのコマで遊ぶ行動観察です。コマ作りは、画用紙を真っ直ぐに折らないと不安定になるので、ていねいに作るよう心がけてください。また、ドミノのコマには絵を描きますが、お友だちと同じものを描いてはいけないという指示があります。描きたいものがいっしょになってしまった時に、わがままを言わずにお友だちと話し合えるか、場合によっては自分が描きたいものを譲れるかどうか、コミュニケーション能力も求められます。⑤はドミノ倒しで遊ぶという簡単な指示ですが、ドミノのコマは三角形なので、角に向けて倒そうとすると上手く倒れません。そのような時、なぜ倒れなかったのか、どのようにしたら倒れるかなど、試行錯誤ができたかどうかが、この問題の観点の１つだと考えられます。また、ドミノを並べる時に、失敗して倒れてしまうこともあると思います。その時、どのような対応をするかも観られています。自分が倒した時に謝ることができるか、逆に相手が倒した時に責めずに再チャレンジする前向きな姿勢を見せられるかなど、工夫する姿勢や積極性を見せられるとよいでしょう。

【おすすめ問題集】

実践 ゆびさきトレーニング①・②・③、

Ｊｒ・ウォッチャー23「切る・貼る・塗る」、29「行動観察」

問題30　分野：お話の記憶

聞く　集中

〈準備〉　鉛筆

〈問題〉　お話をよく聞いて、後の質問に答えてください。

イヌくん、タヌキくん、ネズミさん、ブタさんが公園に集まって、凧あげをしています。イヌくんの凧には丸の模様が、タヌキくんの凧には三角の模様が、ネズミさんの凧には星の模様が、ブタさんの凧には四角の模様が書かれています。誰が1番高く凧をあげられるか競争し始めました。イヌくん、タヌキくん、ネズミさんの凧はまっすぐどんどん上がっていきます。でも、ブタさんの凧は、フラフラとゆれながら上がっていき、タヌキくんの凧とぶつかりました。タヌキくんとブタさんの凧は、糸がからまったまま地面へとまっさかさまに落ちてしまいました。「ブタさんのせいで、僕の凧がこわれちゃったよ」タヌキくんは怒り、とうとうブタさんを泣かせてしまいました。ネズミさんは、「私知らない。年賀状が届いているかもしれないから、お家に帰るね」といって、帰ってしまいました。まだ怒っているタヌキくんに、イヌくんも困ってしまいました。「そうだ、クマのおじさんに凧を直してもらおうよ」、イヌくんはタヌキくん、ブタさんといっしょに、クマのおじさんのところへ行きました。クマのおじさんの家へ着きました。「凧が落ちてこわれちゃったんだ。おじさん、直してもらえませんか」とお願いすると、クマのおじさんは、「この凧はもう直せないよ。新しい凧を作ってあげよう」といい、5つの凧がつながった、新しい凧を作ってくれました。「おじさん、どうもありがとう」お礼を言ってから、イヌくんたちは公園にもどり、新しい凧をいっしょにあげました。もう、ケンカはしませんね。

①ネズミさんの凧はどれですか。○をつけてください。
②凧がからまったとき、イヌくんはどんな顔をしていましたか。○をつけてください。
③お話の季節と同じ季節のものに、○をつけてください。
④タヌキくんの新しい凧は、いくつの凧がつながっていましたか。その数の分だけ○を書いてください。

〈時間〉　各15秒

〈解答〉　①右から2番目　②左端　③右端（冬）　④　○：5

［2017年度出題］

学習のポイント

当校のお話の記憶問題は、1．複数の人物（動物）が登場する、2．場面が前半と後半の2つに分けられる、3．細かい部分からの質問がなされる、の3つが特徴です。そして、行動、表情、模様、季節、数を問う質問が多く出題されています。頭の中で情景をイメージしながらあらすじをつかみ、その上で細かい描写へも気配りをしていくとよいでしょう。あらすじをつかめるようになってきたら、登場人物の気持ちや、服装、持ちもの、季節など、細かい描写を加えて読んでみるなど、ふだんの読み聞かせで工夫しながら練習することをおすすめします。あわせて、季節の食べものや行事などの知識も増やしていきましょう。教材で学ぶこととあわせて、日常生活で体験的に学ぶことも進めてください。

【おすすめ問題集】

1話5分の読み聞かせお話集①・②、お話の記憶 初級編・中級編・上級編、
Ｊｒ・ウォッチャー19「お話の記憶」、34「季節」

問題31　分野：図形（回転図形）

考え　観察

〈準備〉　鉛筆

〈問題〉　上の絵と同じものを下の四角の中から探して○をつけてください。ただし、絵を裏返してはいけません。

〈時間〉　各30秒

〈解答〉　①左上と右真ん中　②左上と左真ん中

［2017年度出題］

学習のポイント

回転図形の問題は、当校で毎年出題されている頻出分野です。回転した後の位置関係を把握する力が問われています。全体を見比べるのではなく、特徴のある図形を起点にして、隣へと順序を決めて見ていくのが、基本的な解き方です。①では、はじめに見本の四角が４分割されていることに着目します。つぎに右上の十字型を見くらべます。向きと形が同じであることを確認したら、右下の四角を確認します。色が塗られていないことと、線の向きを確認してください。同様に、左下、左上の四角も見て、正解を見つけます。ふだんの練習では、紙やパズルなどで見本の形を作り、実際に回転させながら位置関係を理解していくのがよいでしょう。

【おすすめ問題集】

Ｊｒ・ウォッチャー４「同図形探し」、46「回転図形」

問題32　分野：巧緻性・図形（点図形）

観察　集中

〈準備〉　鉛筆

〈問題〉　上のお手本と同じように、下の丸の点を線でつないでください。

〈時間〉　１分30秒

〈解答〉　省略

［2017年度出題］

学習のポイント

点図形は、毎年出題されている分野です。見本通りに線を引く正確さや集中力と、きれいにはっきりと書く巧緻性が問われています。2016年度と同様に2017年度も、枠の丸いものが出題されました。枠が丸い時には、１番上の点から引かれている線を、はじめに引きます。その時に、「はじめの点から右に３つ進んだ点とつなぐ」というように、順番に進めます。この時、時計回りに進めていくと、素早く正確に書けます。線がまっすぐに引けているのか、交点の位置が正しいかなどの巧緻性も見られます。きれいな線を引く時は、２点を確認してから、ひと息で引くのがおすすめです。ふだんからしっかりとした線を引く練習も行ってください。

【おすすめ問題集】
Ｊｒ・ウォッチャー１「点・線図形」、51「運筆①」、52「運筆②」

問題33　分野：数量（数を分ける）

観察　考え

〈準　備〉　鉛筆

〈問　題〉　それぞれの箱にリンゴを分けていれると、１つの箱にリンゴはいくつ入りますか。その数の分だけ、右の四角に○を書いてください。

〈時　間〉　各40秒

〈解　答〉　①○：３　②○：２　③○：４

［2017年度出題］

学習のポイント

数量の問題は、小学校受験ではよく出題される分野です。数をかぞえる、合わせる、分けるなど、さまざまな形をとっていますが、１つひとつ数えて丸をつけていくことは共通しています。はじめは基礎練習を繰り返して、ていねいに数える力を身に付けるとよいでしょう。受験勉強を始めたばかりの時期は、鉛筆でチェックなどをしながら、正確に数えることを大切にしてください。慣れてきて、ある程度スピードが上がってきたら、問題のパターンを増やしたり、チェックせずに数えたりと、練習のバリエーションを広げていきましょう。

【おすすめ問題集】
Ｊｒ・ウォッチャー14「数える」、40「数を分ける」、41「数の構成」

問題34　分野：数量（数を分ける）

観察　考え

〈準　備〉　鉛筆

〈問　題〉　上の段の子どもたちで、下の食べものを分けるといくつ余るでしょうか。その数が描いてあるお皿を下から探して○をつけてください。

〈時　間〉　1分

〈解　答〉　①1番上　②上から3番目　③1番下

［2017年度出題］

学習のポイント

前問を発展させた、数を分ける時に余りがでる問題です。先生の説明から余りを答えることが理解できれば、あとは基本通りの作業となります。当校では、段階的に難しくしながら、類似の問題を2～3問出題する傾向があります。応用問題をうまく進めるために、先生の説明をしっかり聞き、最初の1問で理解する力が求められています。説明を理解しようとする真剣さは、入試の別の場面で役立つこともあります。日々の学習でも、1回だけ説明をするとか、説明を理解してから問題に取り組むなど、本番を想定した練習をするとよいでしょう。

【おすすめ問題集】

Ｊｒ・ウォッチャー14「数える」、40「数を分ける」、41「数の構成」

問題35　分野：常識（身体の名前）

観察　知識

〈準　備〉　鉛筆

〈問　題〉　それぞれの矢印は、身体の部分をさしています。ひじをさしているものに○を、薬指をさしているものに△を、手首をさしているものに×を、それぞれの四角に書いてください。

〈時　間〉　30秒

〈解　答〉　下図参照

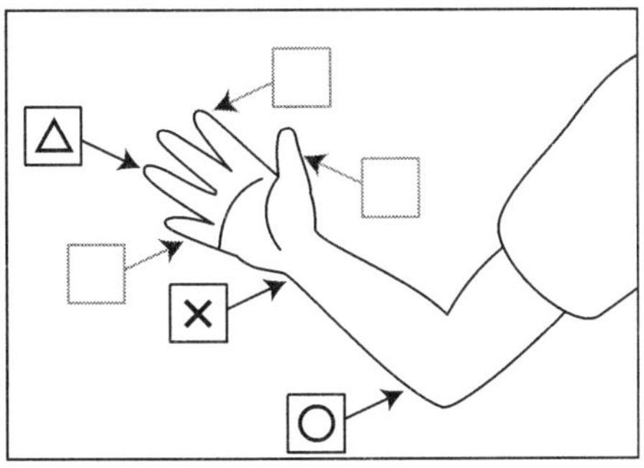

［2017年度出題］

学習のポイント

身体の部分の名称に関する問題です。全体を表す抽象的な名称と、細部を表す具体的な名称の使い分けが観点と考えられます。「腕」と呼ばれる部分に、「ひじ」「手首」などがあります。「手」と呼ばれる部分にも「手のひら」「手の甲」「指」があります。さらに「指」にもそれぞれの名称があります。それらをひとまとめにして呼ぶ時と、正確に区別する時とがあることを理解することが大切です。日常の生活で、「手を洗いなさい」を「手のひらと指を洗いなさい」と言い換えることは不自然です。それぞれ具体的な名称は知識として学び、時々質問しながら定着させていくのがよいでしょう。「おてて」「お父さん指」などの幼児語から抜け出す機会にもなります。

【おすすめ問題集】

Ｊｒ・ウォッチャー12「日常生活」、18「いろいろな言葉」

問題36　分野：言語（日常生活、反対語）

知識　聞く

〈準　備〉　鉛筆

〈問　題〉　**この問題の絵は縦に使用してください。**

正しいことを言っているのは誰ですか。〇をつけてください。

①朝、起きてきて、クマさんは「おはよう」と言いました。ウシさんは「ごちそうさま」と言いました。ネコさんは「ごめんなさい」と言いました。正しいのは誰ですか。〇をつけてください。

②「深い」の反対の言葉を聞かれて、クマさんは「あつい」と答えました。ウシさんは「さむい」と答えました。ネコさんは「あさい」と答えました。正しいのは誰ですか。〇をつけてください。

③「少ない」の反対の言葉を聞かれて、クマさんは「たりない」と答えました。ウシさんは「おおい」と答えました。ネコさんは「ふとい」と答えました。正しいのは誰ですか。〇をつけてください。

④「長い」の反対の言葉を聞かれて、クマさんは「ひろい」と答えました。ウシさんは「ちいさい」と答えました。ネコさんは「ちかい」と答えました。リスさんは「みじかい」と答えました。正しいのは誰ですか。〇をつけてください。

〈時　間〉　各10秒

〈解　答〉　①左（クマ）　②右（ネコ）　③真ん中（ウシ）　④右端（リス）

［2017年度出題］

学習のポイント

反対語についての問題です。扱われている言葉は、日常生活で使われる形容詞ばかりです。ふだんの生活から、自然に言語感覚や常識が身に付けられているのかが問われています。「長い」の反対は「長くない」と答えずに、「短い」と答えられるように言葉を増やしていきましょう。それには、日々の対話の中で、「長いの反対はなに？」などの問いかけを続けるのがよいでしょう。本問は、動物のセリフ形式で出題されています。それぞれの動物たちの発言を間違えてしまったり、聞き逃したりしないように、説明を集中して聞く練習も行ってください。

【おすすめ問題集】
　Ｊｒ・ウォッチャー12「日常生活」、18「いろいろな言葉」

問題37　分野：推理（シーソー）

考え　観察

〈準　備〉　鉛筆

〈問　題〉　**この問題の絵は縦に使用してください。**
動物たちが、シーソーを使って重さ比べをしました。動物たちのなかで、１番重い動物を、右の中から選んで○をつけてください。

〈時　間〉　各10秒

〈解　答〉　①下（イヌ）　②１番上（サル）　③１番下（クマ）

［2017年度出題］

学習のポイント

１番重い動物を探すシーソーの問題です。１番重い動物はどんな時でも軽い側にはなりません。そのルールで１つひとつのシーソーを見比べていくのが、確実な方法です。比べるものの種類が多くなると、お子さまは混乱しやすくなります。最初は、それぞれの動物を描いた紙を用意して、重い順番に並べながら理解させるのも１つの方法です。「困ったときは慌てずに、１つひとつ確認」できるように、日々の声かけをしていくとよいでしょう。また、重い方が下がるというシーソーの仕組みそのものの理解のために、簡単なてんびんを使って重さ比べをしてみるのもよいでしょう。

【おすすめ問題集】
　Ｊｒ・ウォッチャー15「比較」、33「シーソー」、58「比較②」

問題38　分野：制作・行動観察

創造　協調

〈準備〉　セロハンテープ、クーピーペン（12色）、紙コップ（10個）、のり、折り紙（10枚）、ラベルシール（４cm幅程度のもの、10枚）

〈問題〉　この問題の絵はありません。

＜制作＞

（５～８人で制作する）

①真ん中のテーブルから紙コップを１人２個、自分の机に持ってきましょう。

②ラベルシールと折り紙に、クーピーペンで好きな絵を描いてください。

③描き終わったら、紙コップを２個、底を合わせて貼り付けます。セロハンテープで３カ所くらい留めてください。

④次に、紙コップの外側に、ラベルシールと折り紙を貼ってください。

⑤作業は机でしましょう。真ん中のテーブルでしてはいけません。必要な道具はテーブルから持っていって使ってください。

それでは始めてください。

＜行動観察＞

グループのみんなで協力して、タワーをつくりましょう。今作った紙コップをできるだけ高く積んでいきます。高くするためにさまざまなものを使って試してみましょう。

〈時間〉　適宜

〈解答〉　省略

［2017年度出題］

学習のポイント

当校では、はじめに１人で簡単な制作を行ないます。そこで作ったものを使い、みんなでゲームをしたり、より大きな制作物を作ったりします。前半の制作では、安全に道具が使用できること、指示通りに行動していること、作業に取り組む姿勢などが観られています。後半はグループで社会性や協調性、積極性などが評価されています。小学校の生活では、周りのお友だちと仲良くいっしょに活動できることが重視されます。当校の試験でも、制作物の良し悪しよりも、指示への対応力や、周囲の子どもとの協調性が評価されます。小学校進学後、お子さまがほかのお友だちと仲良く生活している場面を想像してみると、お子さまが今持っている力、これから伸ばせる力がはっきりしてきます。

【おすすめ問題集】

実践 ゆびさきトレーニング①・②・③、

Ｊｒ・ウォッチャー23「切る・貼る・塗る」、29「行動観察」

問題39　分野：お話の記憶

聞く　集中

〈準 備〉　鉛筆

〈問 題〉　お話をよく聞いて、後の質問に答えてください。

たかしくんは妹のみきちゃんといっしょにおつかいに行きます。「スーパーマーケットで牛乳と食パンと、それから好きな野菜を買ってきてね」とお母さんに頼まれました。靴を履いて「いってきまーす」と元気よく外に出ると、とてもよいお天気です。スーパーに行く途中には小さな公園があります。公園の前を通ると、たかしくんのお友だちが遊んでいました。たかしくんを見つけたお友だちが、「たかしくん、いっしょに遊ぼうよ」と誘ってくれました。たかしくんも遊びたいと思いましたが、「ごめんね、おつかいの途中なんだ。だから今日は遊べないよ。また明日いっしょに遊ぼうね」と言いました。スーパーに着いてまずは、牛乳を買いました。次にパン売り場に行きます。「食パンじゃなくて、メロンパンを買おうよ」とみきちゃんが言いました。たかしくんは困ってしまいましたが「今日はダメだよ、おつかいなんだから。メロンパンはまた今度買おうね」と言うと、みきちゃんは「うん、わかった」とにっこり笑いました。最後に野菜売り場で好きな野菜を選びます。野菜はみきちゃんの好きなものを買うことにしました。サツマイモを選んで、レジでお金を払いました。スーパーからの帰り道でドングリがたくさん落ちていたので、たかしくんが２個、みきちゃんが３個それぞれ拾って持って帰りました。家に着くと、お母さんが、水玉の模様のエプロンを着けて２人を出迎えてくれました。お母さんがにっこり笑って褒めてくれたので、２人はとてもうれしくなりました。

①お話の季節と同じものに○をつけてください。
②２人が拾ったドングリは全部でいくつでしたか。その数の分だけ○を書いてください。
③２人は何の野菜を買いましたか。○をつけてください。
④お母さんが着ていたエプロンはどれですか。○をつけてください。

〈時 間〉　各15秒

〈解 答〉　①左から２番目（秋）　②○：５　③左端（サツマイモ）　④左から２番目

［2016年度出題］

学習のポイント

登場人物が少なく、比較的短めの覚えやすいお話です。情景を頭の中で絵にして思い浮かべながら聞くことを意識するとよいでしょう。お話の内容をしっかり覚えておくことはもちろん重要ですが、本問において、ポイントとなるのはお話の季節を問う問題です。お話の中で直接的にいつの季節か明示されていないため、事物、情景から季節を読み取らなくてはいけません。そのことに気付く推理力と、日常の生活の中でどれだけ季節を意識しているかどうかが問われています。本問では、サツマイモ、ドングリといった要素から「秋」であることがわかります。季節を感じる心は小学校受験に限らず、人生を豊かにする上で大切にしていきたいものです。まずは身近な情景に目を向けて、四季折々の景色、食べもの、文化をお子さまといっしょに楽しむようにしてください。季節感を育むためには、生活の中での体験が最良の学習方法です。

【おすすめ問題集】

1話5分の読み聞かせお話集①・②、お話の記憶 初級編・中級編・上級編、
Ｊｒ・ウォッチャー19「お話の記憶」、34「季節」

問題40　分野：常識（理科・日常生活）　知識

〈準備〉　鉛筆

〈問題〉　**この問題の絵は縦に使用してください。**
動物たちのお話を聞いて、正しいことを言っている動物の絵に○をつけてください。

①先生が「球根で育つ花は何ですか」と聞きました。クマさんは「球根で育つのは『ヒマワリ』だよ」と言いました。リスさんは「球根で育つのは『チューリップ』だよ」と言いました。ウサギさんは「球根で育つのは『アサガオ』だよ」と言いました。
②先生が「セミの幼虫はどこで育ちますか」と聞きました。クマさんは「セミの幼虫は土の中で育つよ」と言いました。リスさんは「セミの幼虫は池の中で育つよ」と言いました。ウサギさんは「セミの幼虫は木の上で育つよ」と言いました。
③先生が「靴はどのように数えますか」と聞きました。クマさんは「靴の数え方は１足だよ」と言いました。リスさんは「靴の数え方は１膳だよ」と言いました。ウサギさんは「靴の数え方は１頭だよ」と言いました。
④先生が「車はどのように数えますか」と聞きました。クマさんは「車の数え方は１個だよ」と言いました。リスさんは「車の数え方は１両だよ」と言いました。ウサギさんは「車の数え方は１台だよ」と言いました。

〈時間〉　各15秒

〈解答〉　①真ん中（リス）　②左（クマ）　③左（クマ）　④右（ウサギ）

［2016年度出題］

学習のポイント

例年出題されている常識の問題です。①②は理科的知識を問う問題です。植物の育ち方や虫の成長などについて、写真や図鑑などで確認してください。あわせてそれぞれの花の季節も調べましょう。③④は助数詞についての出題です。数を数えるとき、「一つ」、「一個」は自然と覚えていきますが、意識しなければ習得できない助数詞はたくさんあります。まずは、数えるものが何であるかによって、使う言葉が決まっているということを知ることが重要です。そのためには、お子さまが手に取る身近なもの、例えば鉛筆や本、箸などをどのように数えるのか意識することから始めましょう。わからないものはお子さまといっしょに調べて知っていくことも大切です。

【おすすめ問題集】
Ｊｒ・ウォッチャー12「日常生活」、18「いろいろな言葉」、27「理科」、55「理科②」

東京都市大学付属小学校　専用注文書

年　　月　　日

合格のための問題集ベスト・セレクション

＊入試頻出分野ベスト３

1st 図形　考える力　観察力

2nd 推理　考える力　観察力

3rd 巧緻性　集中力　観察力

ペーパーテストは、幅広い分野から出題されるので、基礎的な力をしっかりと身に付けておく必要があります。また、総合的な力に加え、ひねりのある問題にも対応できる応用力も要求されます。

分野	書　名	価格(税抜)	注文	分野	書　名	価格(税抜)	注文
図形	Jr・ウォッチャー1「点・線図形」	1,500円	冊	常識	Jr・ウォッチャー34「季節」	1,500円	冊
図形	Jr・ウォッチャー2「座標」	1,500円	冊	図形	Jr・ウォッチャー35「重ね図形」	1,500円	冊
図形	Jr・ウォッチャー5「回転・展開」	1,500円	冊	数量	Jr・ウォッチャー38「たし算・ひき算1」	1,500円	冊
常識	Jr・ウォッチャー11「いろいろな仲間」	1,500円	冊	数量	Jr・ウォッチャー39「たし算・ひき算2」	1,500円	冊
常識	Jr・ウォッチャー12「日常生活」	1,500円	冊	図形	Jr・ウォッチャー46「回転図形」	1,500円	冊
推理	Jr・ウォッチャー15「比較」	1,500円	冊	言語	Jr・ウォッチャー49「しりとり」	1,500円	冊
言語	Jr・ウォッチャー17「言葉の音遊び」	1,500円	冊	巧緻性	Jr・ウォッチャー51「運筆①」	1,500円	冊
言語	Jr・ウォッチャー18「いろいろな言葉」	1,500円	冊	巧緻性	Jr・ウォッチャー52「運筆②」	1,500円	冊
創造	Jr・ウォッチャー24「絵画」	1,500円	冊	図形	Jr・ウォッチャー54「図形の構成」	1,500円	冊
常識	Jr・ウォッチャー27「理科」	1,500円	冊	常識	Jr・ウォッチャー55「理科②」	1,500円	冊
運動	Jr・ウォッチャー28「運動」	1,500円	冊	推理	Jr・ウォッチャー57「置き換え」	1,500円	冊
観察	Jr・ウォッチャー29「行動観察」	1,500円	冊	推理	Jr・ウォッチャー58「比較②」	1,500円	冊
推理	Jr・ウォッチャー32「ブラックボックス」	1,500円	冊	言語	Jr・ウォッチャー60「言葉の音（おん）」	1,500円	冊
推理	Jr・ウォッチャー33「シーソー」	1,500円	冊		1話5分の読み聞かせお話集①・②	1,800円	各　冊

合計	冊	円

（フリガナ） 氏　名	電　話 ＦＡＸ E-mail	
住 所　〒　　　－		以前にご注文されたことはございますか。 有　・　無

★お近くの書店、または記載の電話・FAX・ホームページにてご注文をお受けしております。
電話：03-5261-8951　FAX：03-5261-8953　代金は書籍合計金額＋送料がかかります。
※なお、落丁・乱丁以外の理由による商品の返品・交換には応じかねます。

★ご記入頂いた個人に関する情報は、当社にて厳重に管理致します。なお、ご購入の商品発送の他に、当社発行の書籍案内、書籍に関する調査に使用させて頂く場合がございますので、予めご了承ください。

日本学習図書株式会社
http://www.nichigaku.jp

問題 1

①

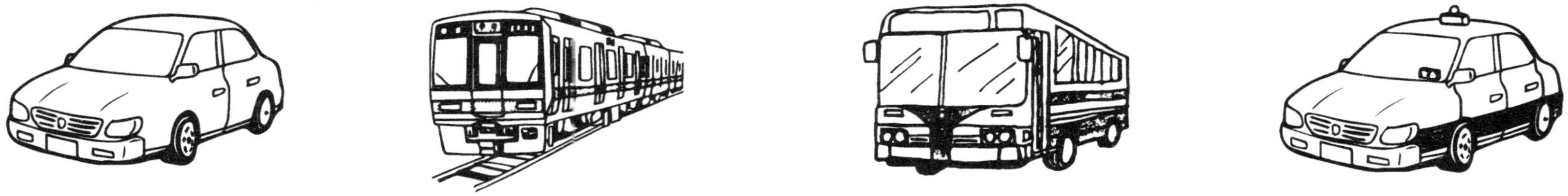

②

③

④

問題2

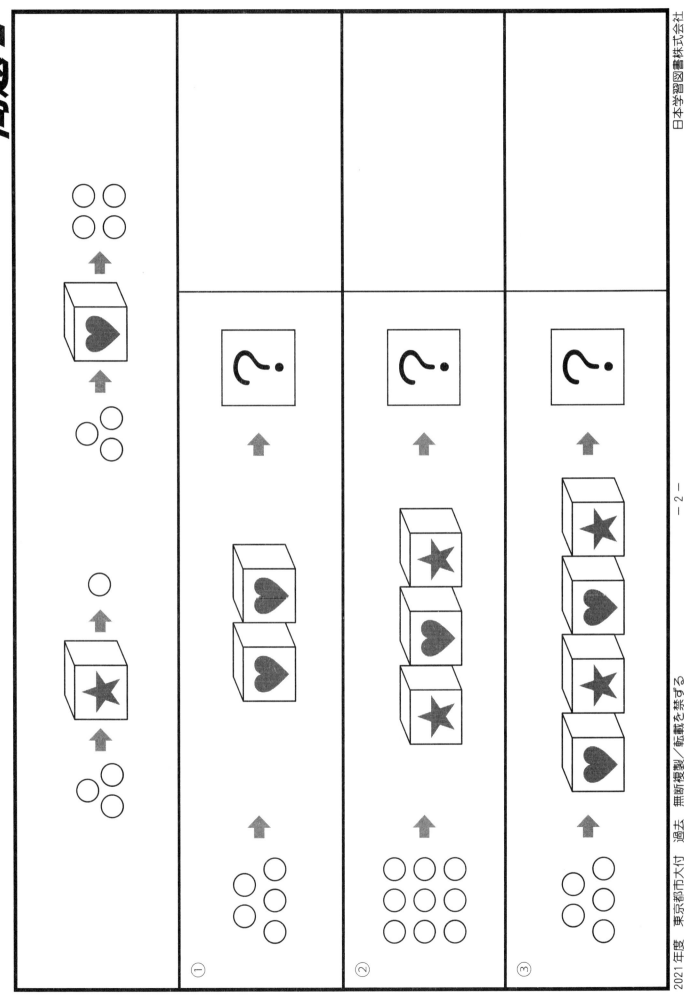

①

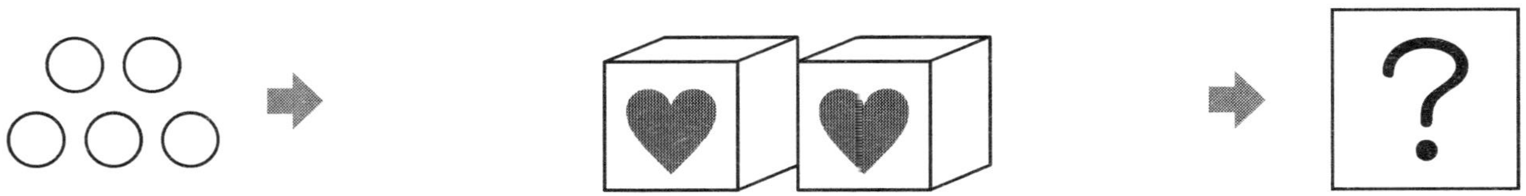

②

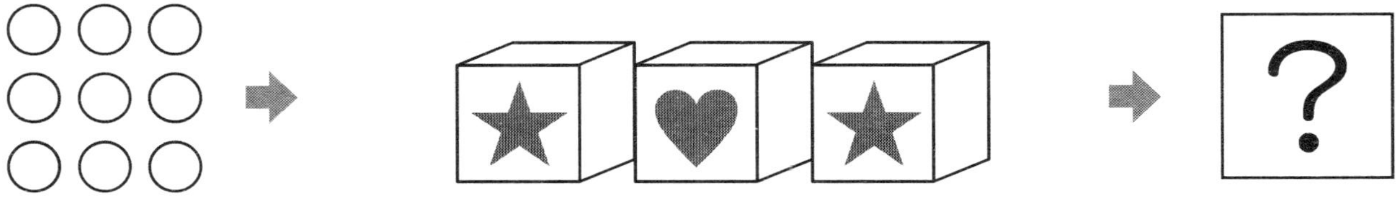

③

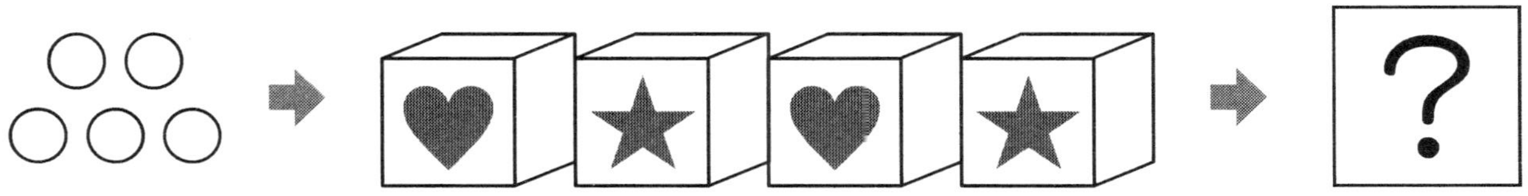

2021年度　東京都市大付　過去　無断複製／転載を禁ずる

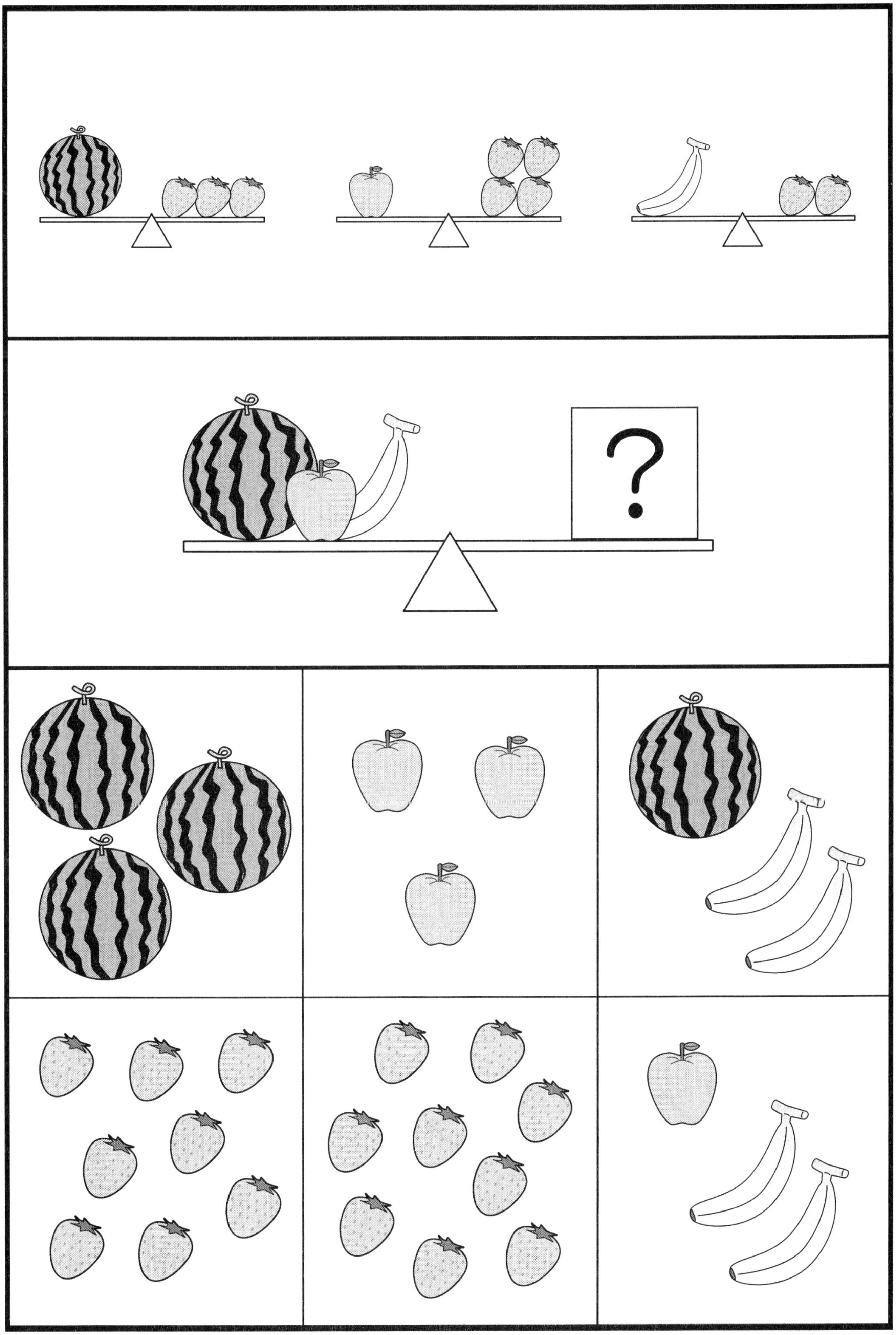

問題4

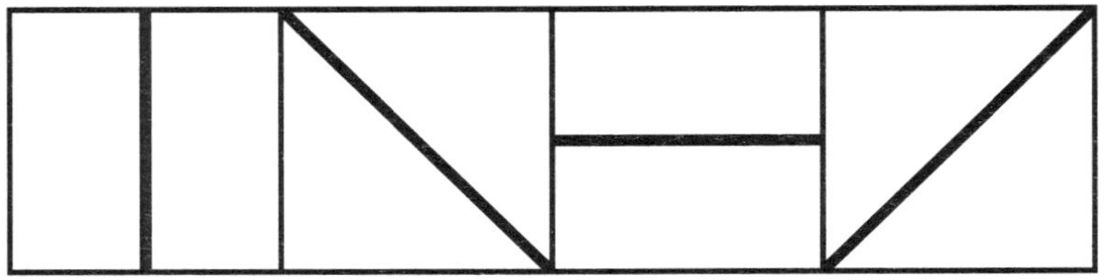

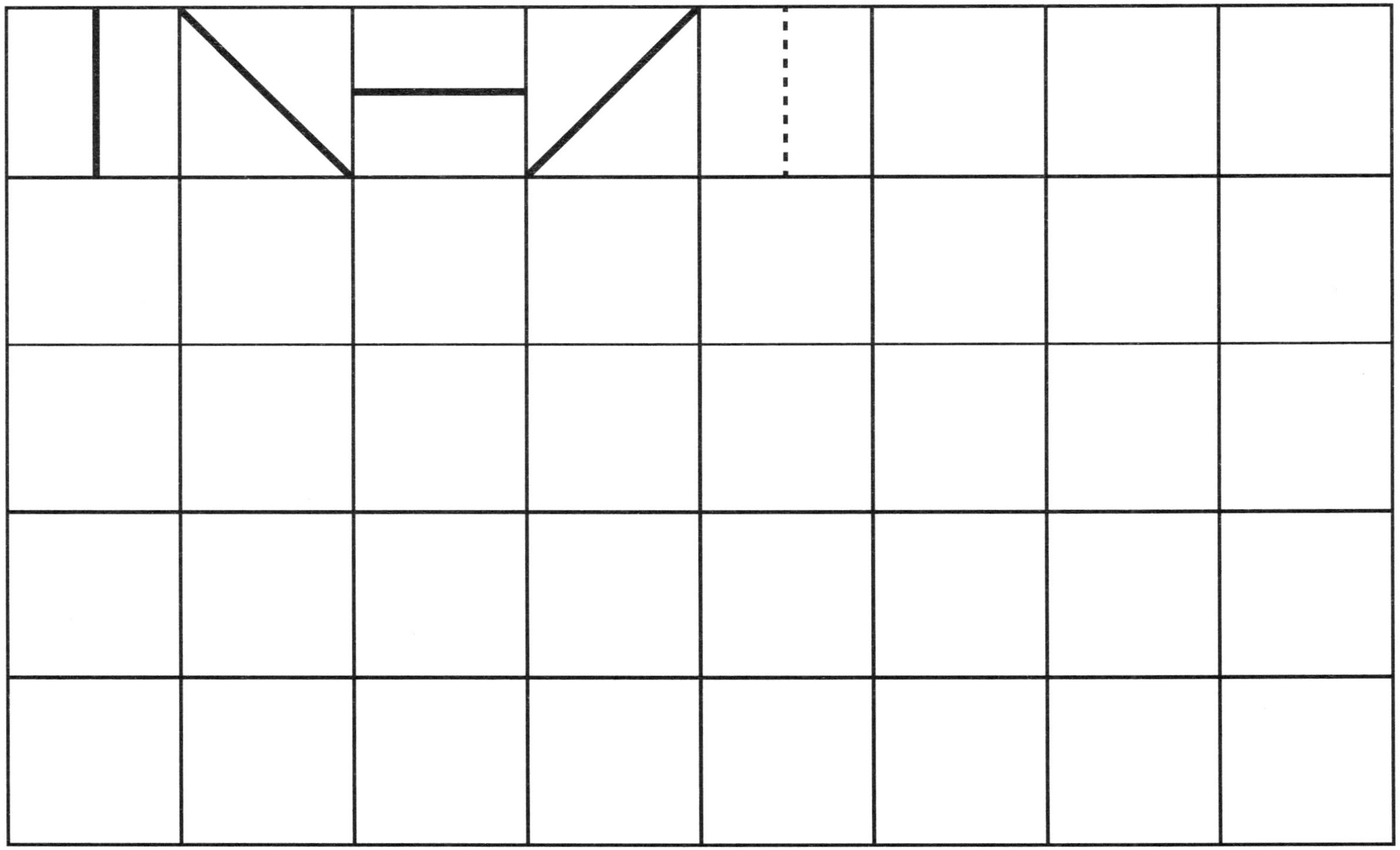

問題5

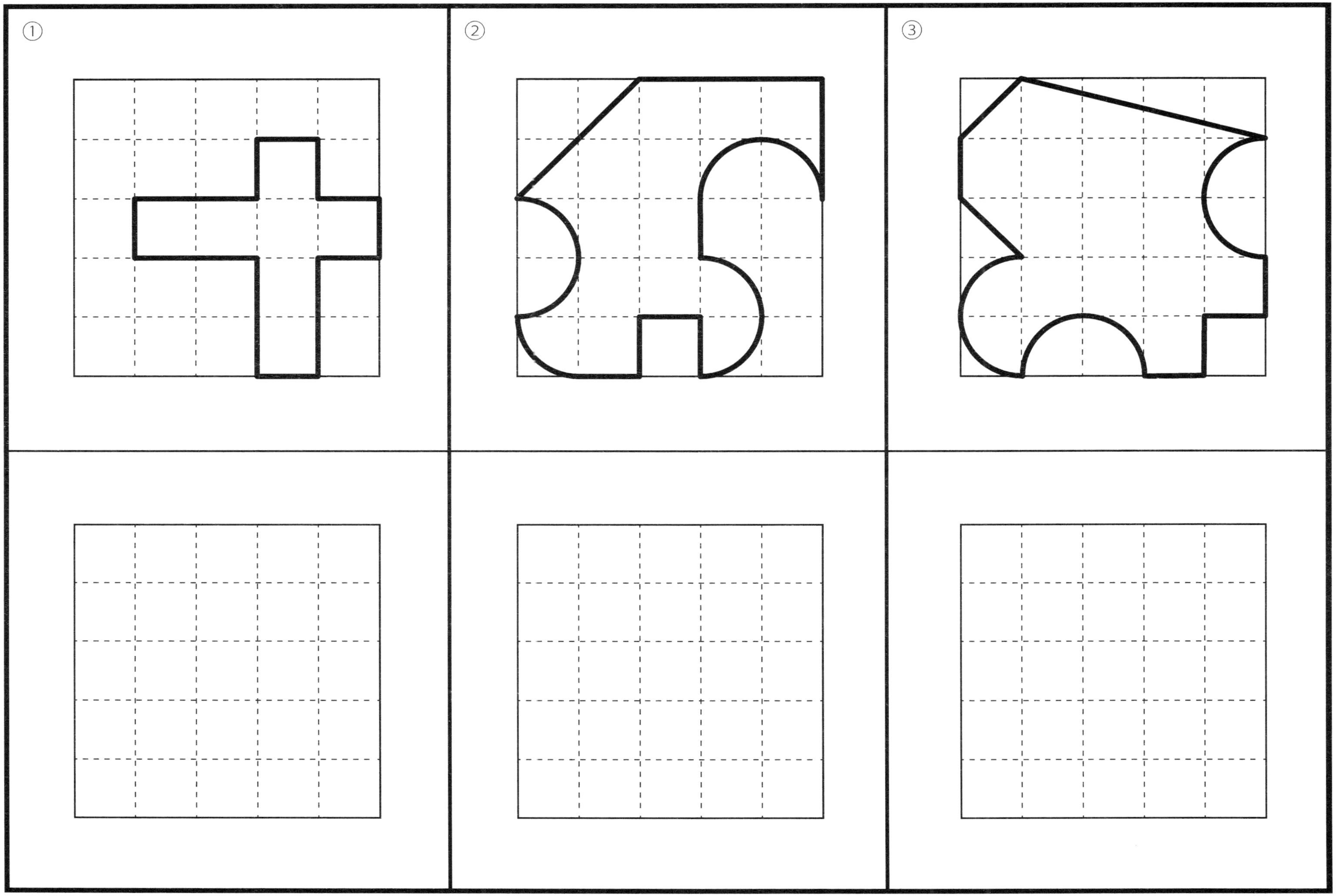

問題6

①

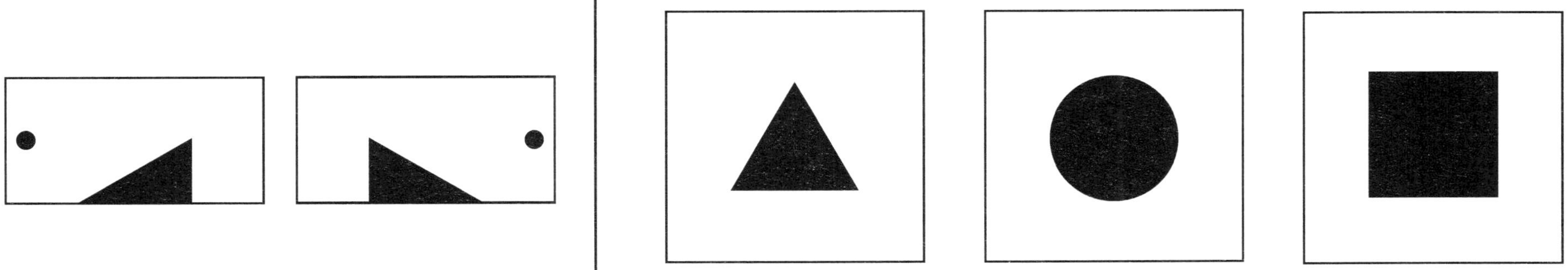

②

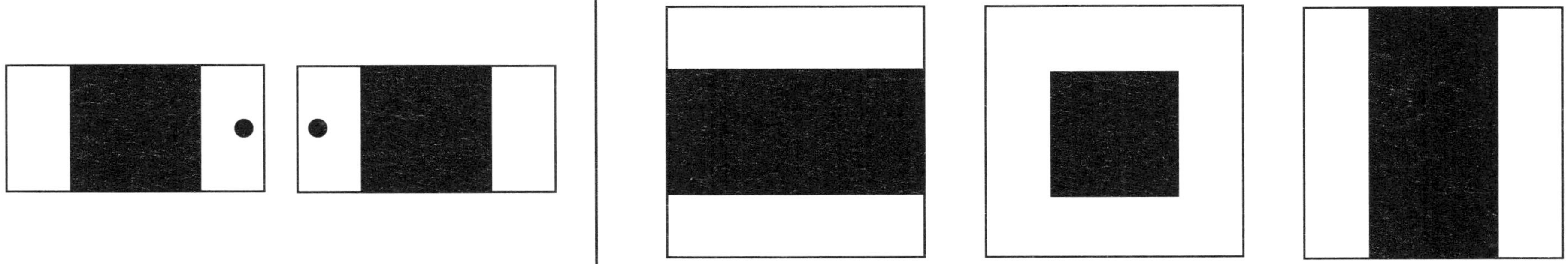

③

問題7

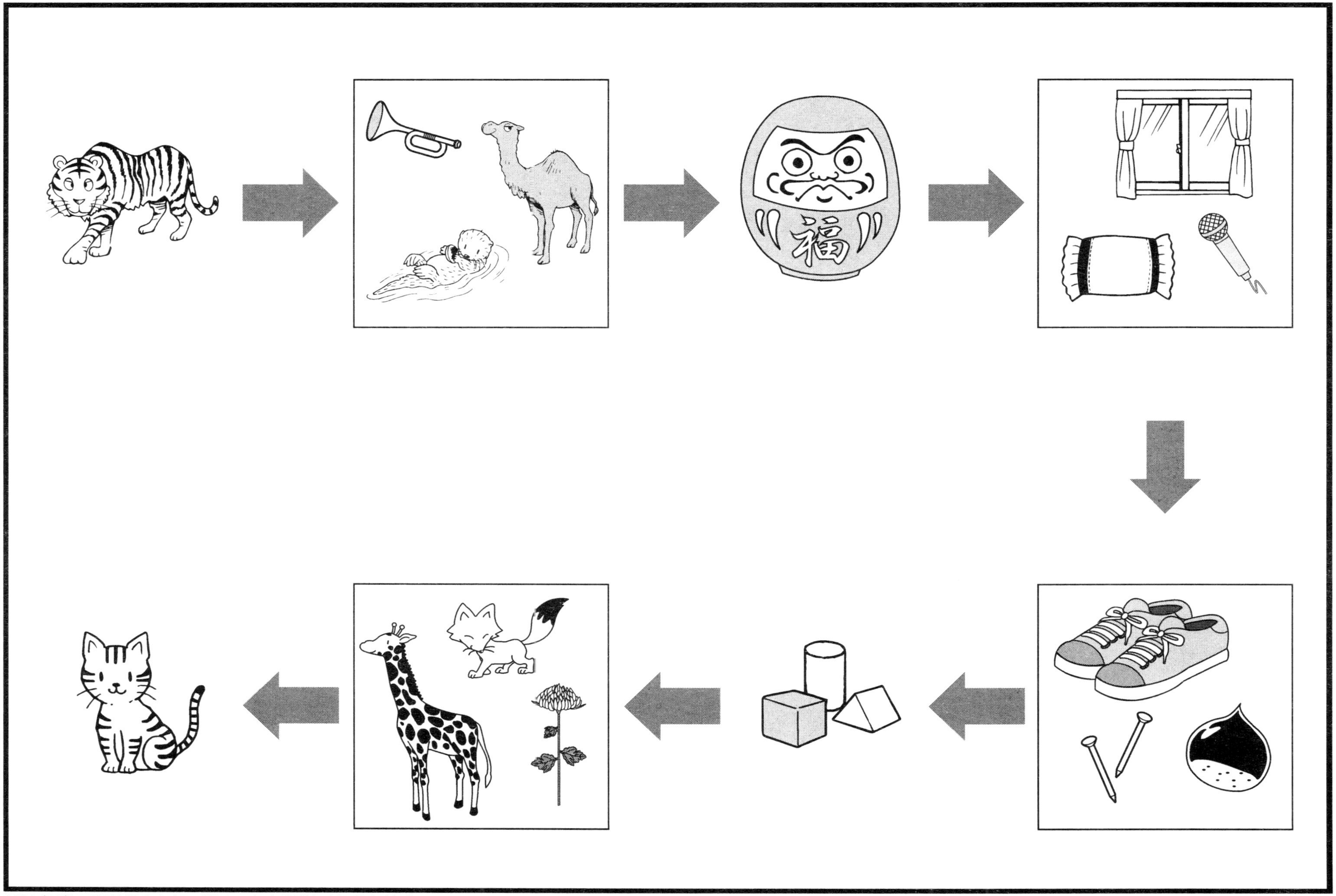

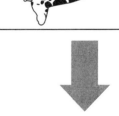

問題 8

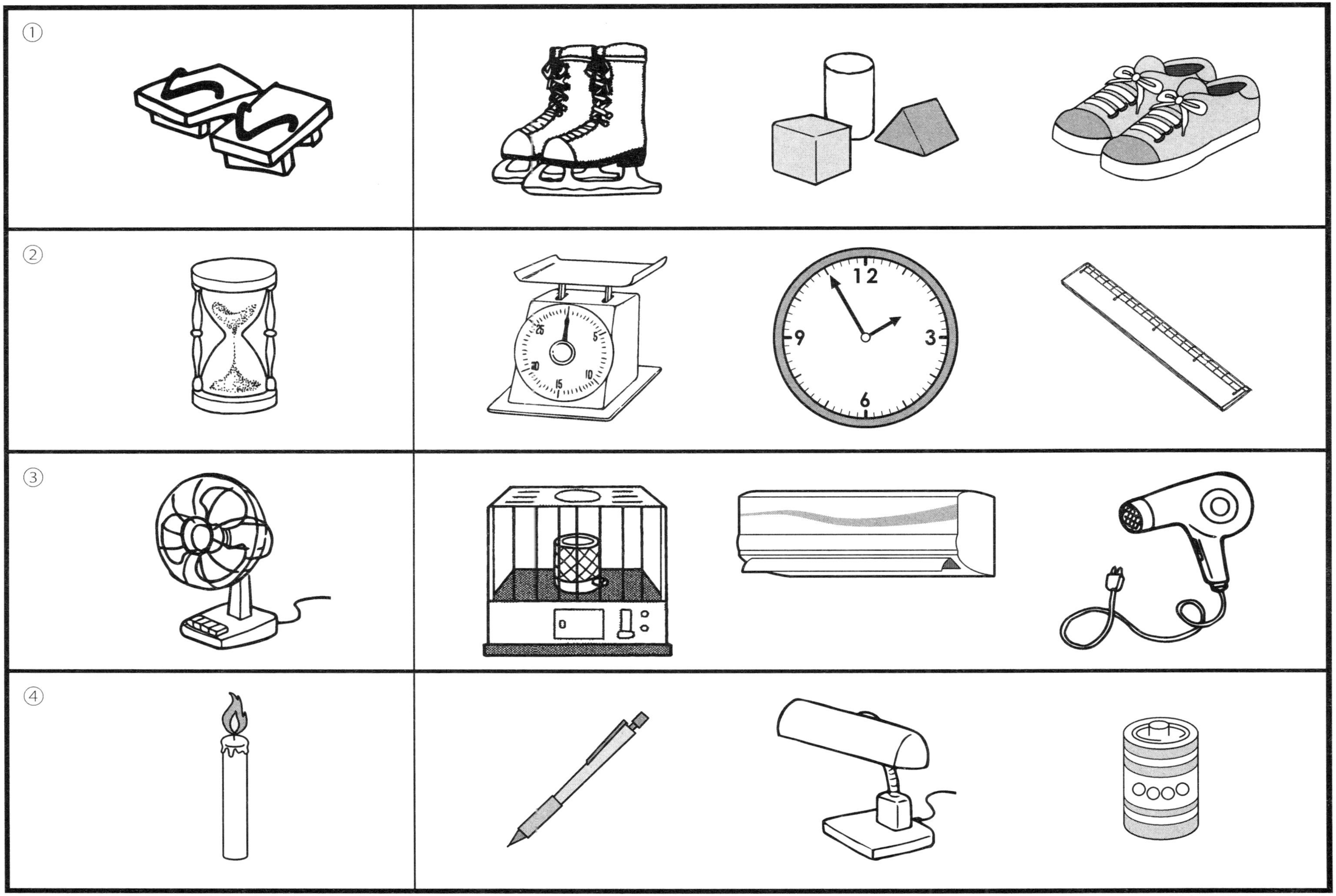

2021年度　東京都市大付　過去　無断複製／転載を禁ずる　日本学習図書株式会社

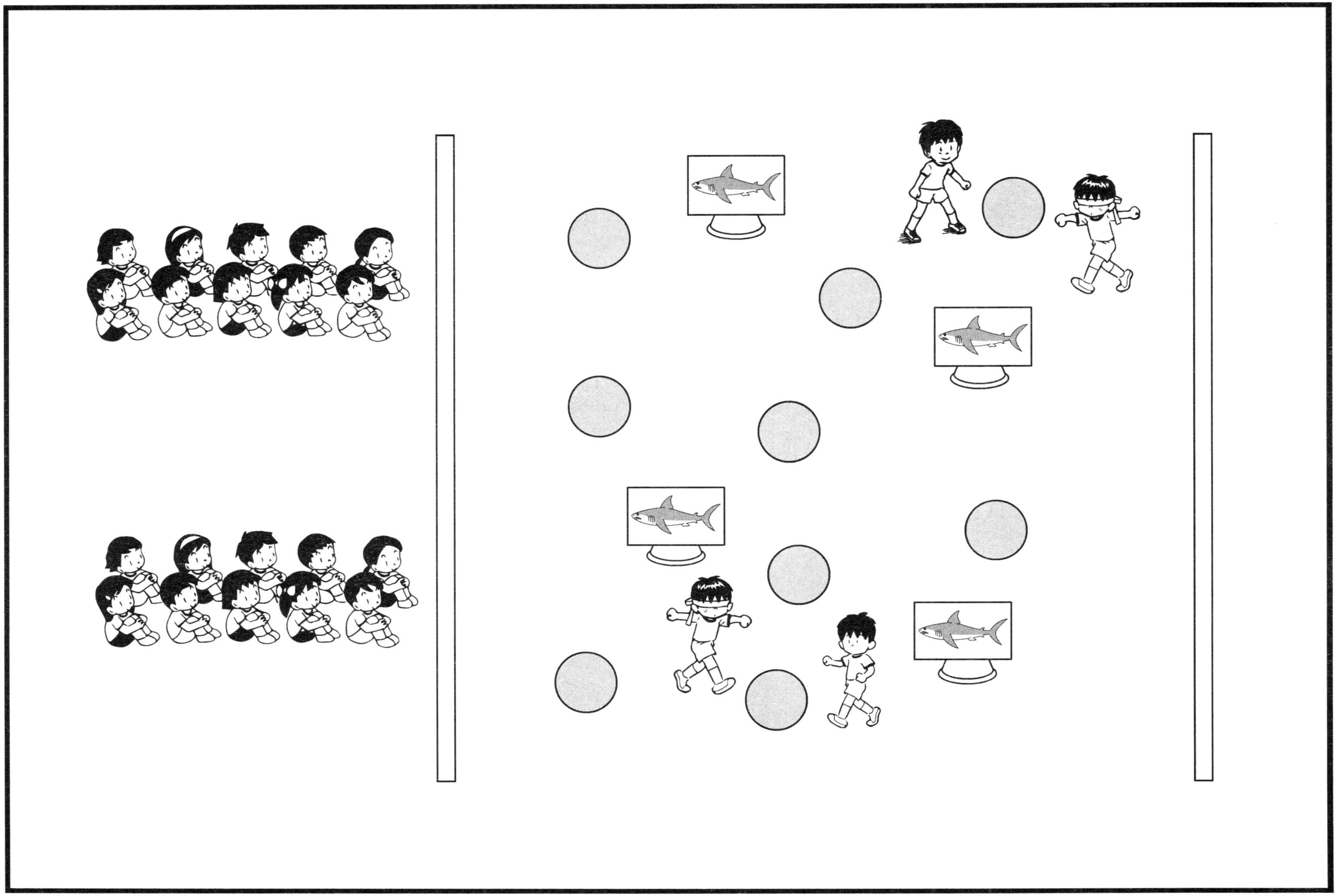

2021年度　東京都市大付　過去　無断複製／転載を禁ずる　日本学習図書株式会社

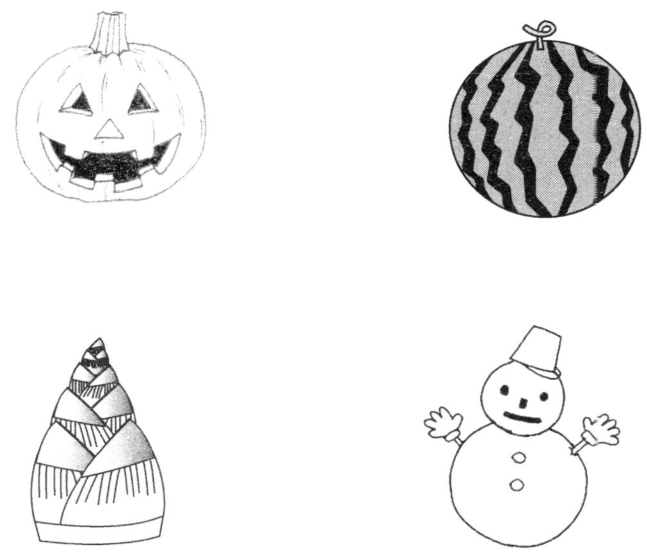

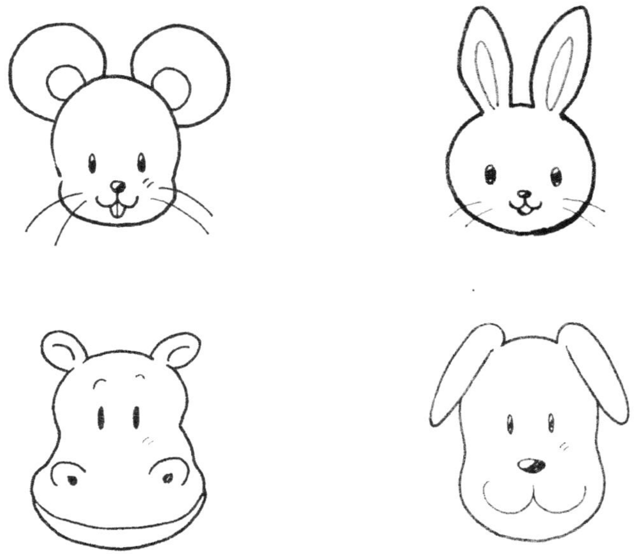

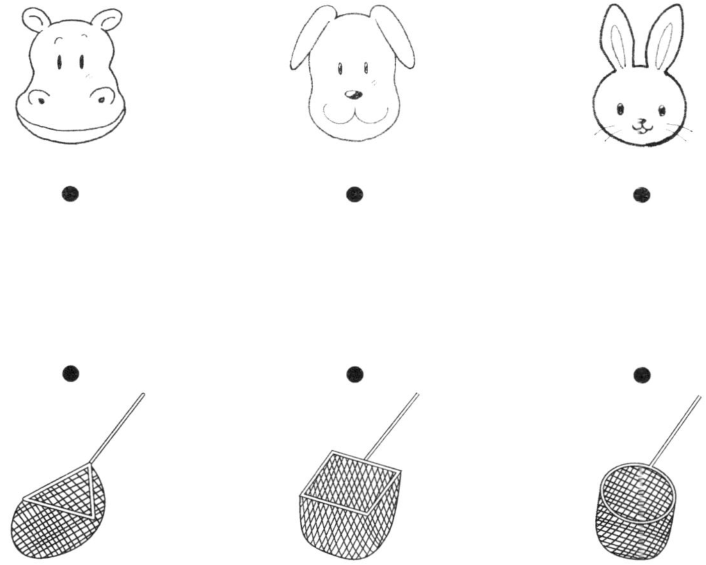

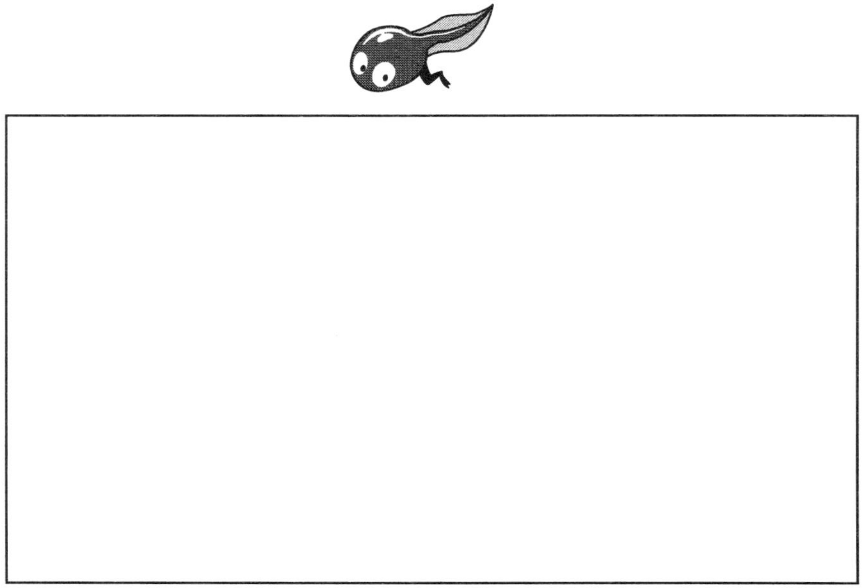

問題１２

①

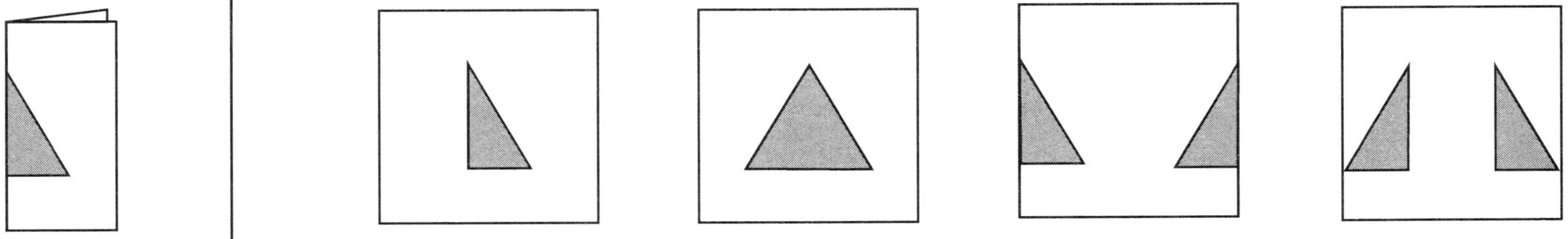

②

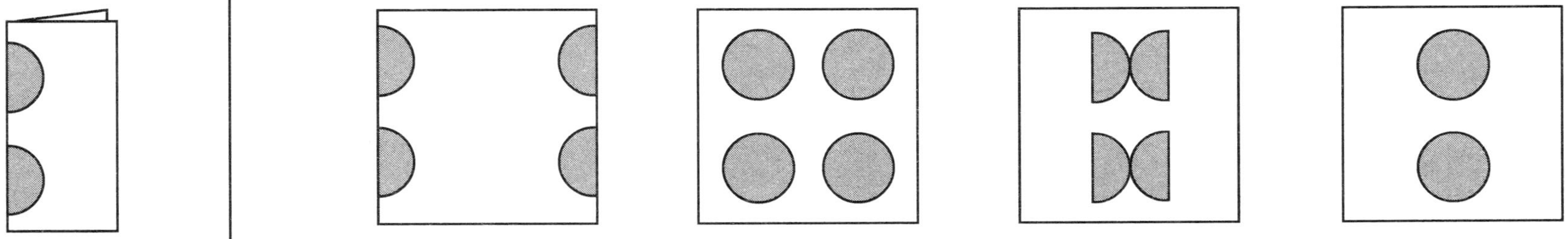

③

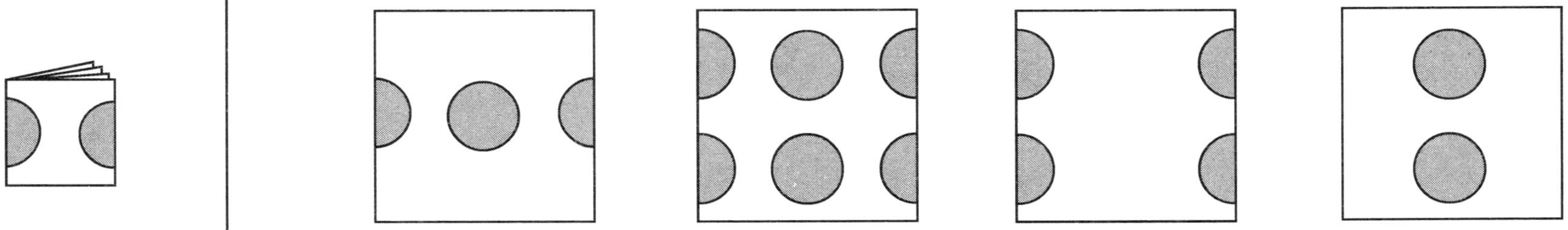

④

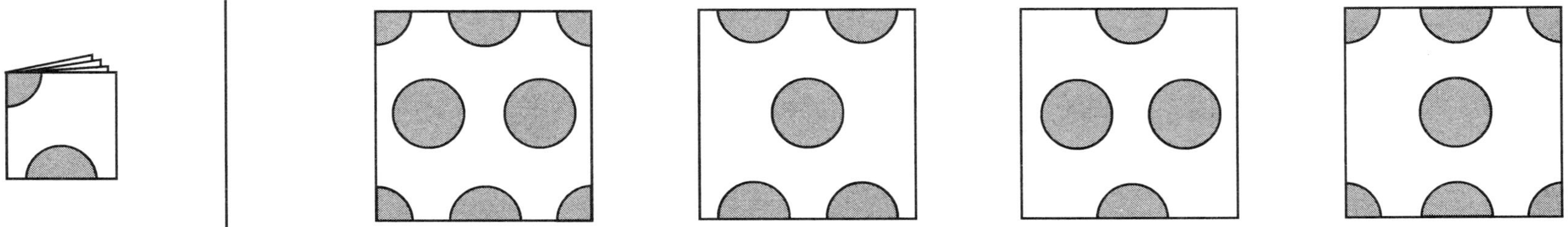

問題１３

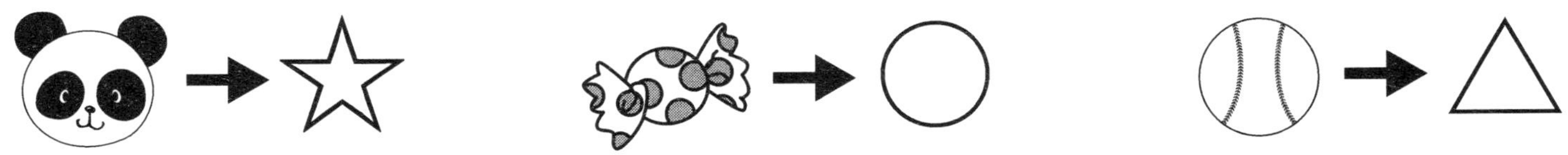

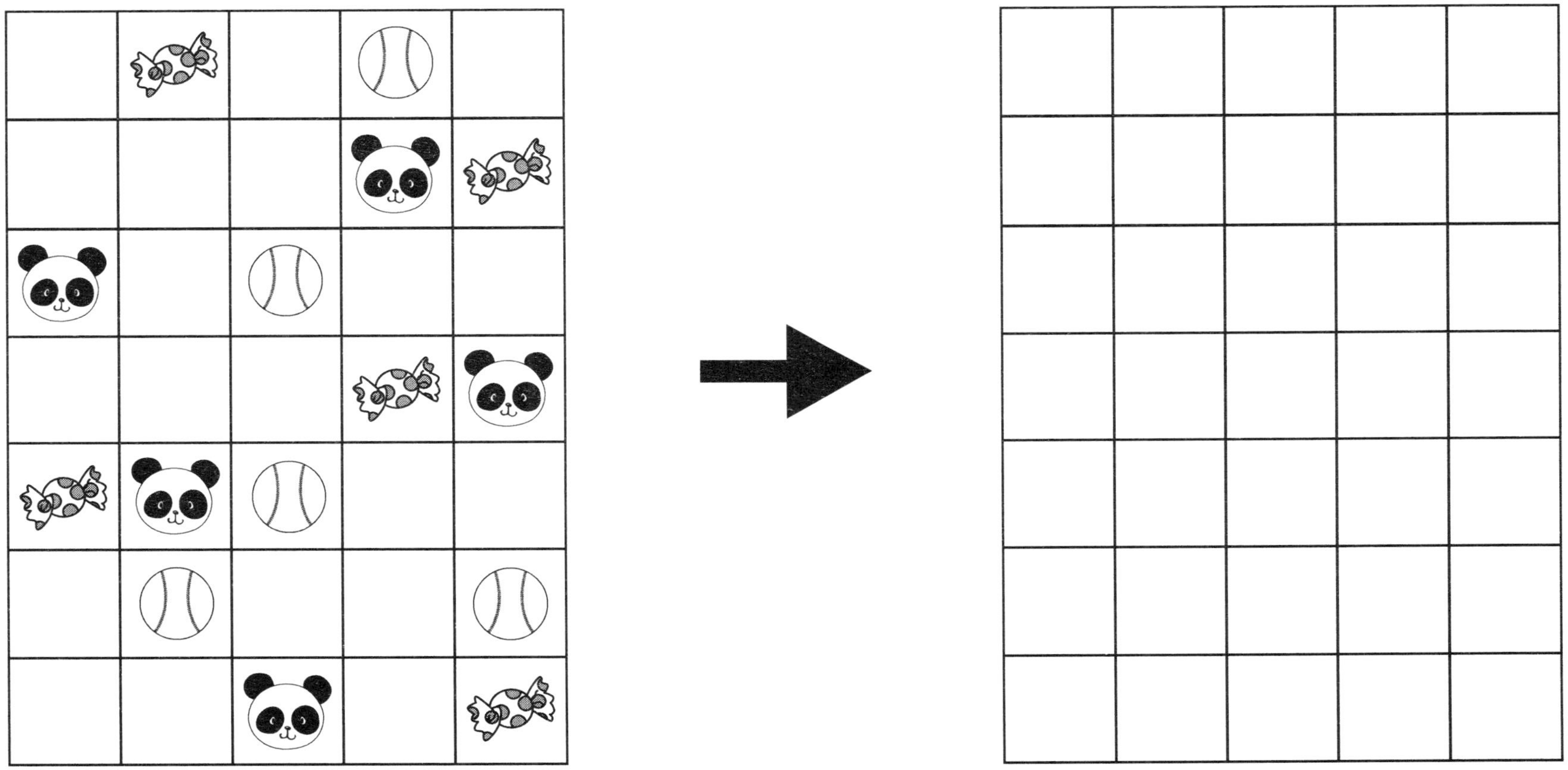

問題１４

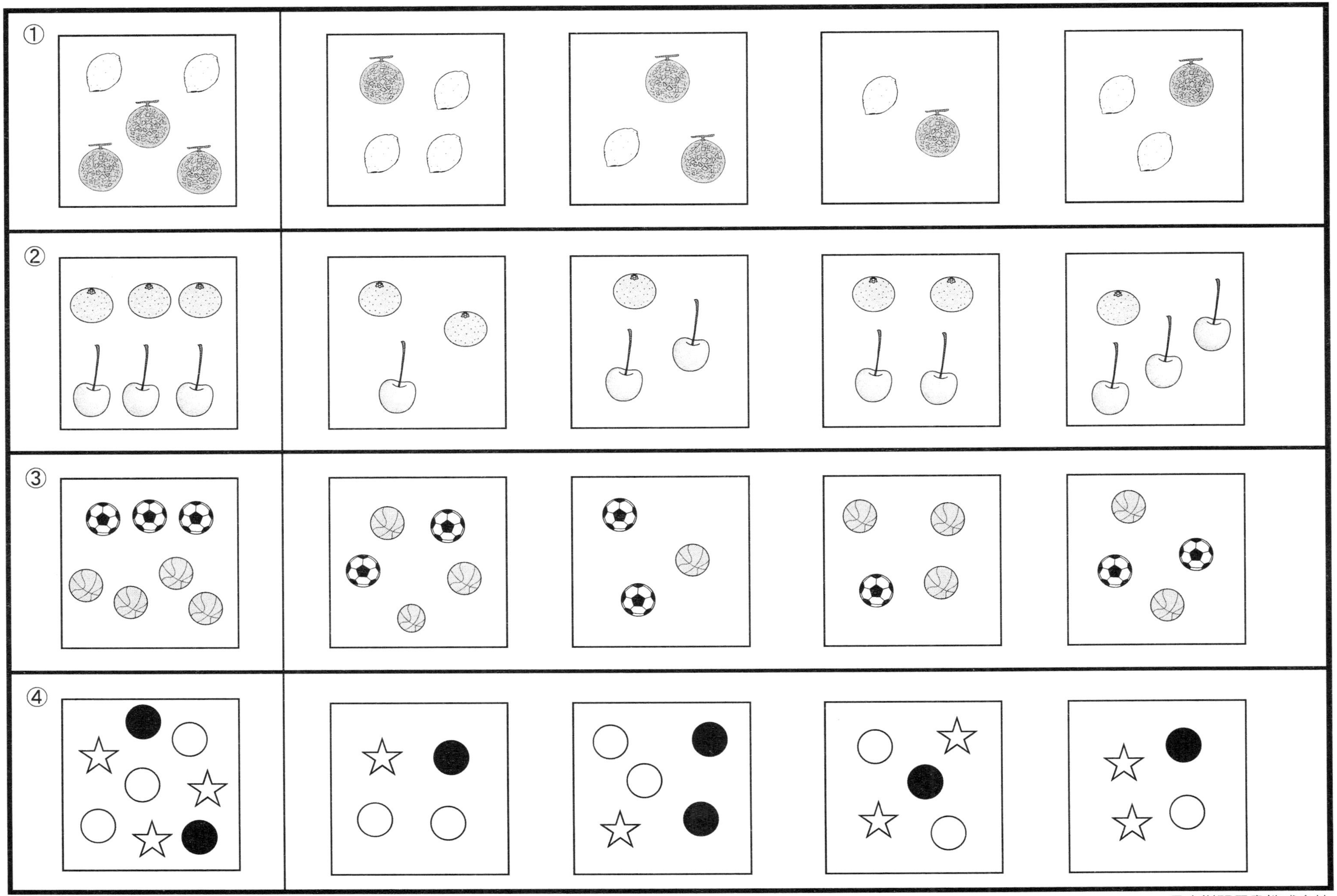

問題15

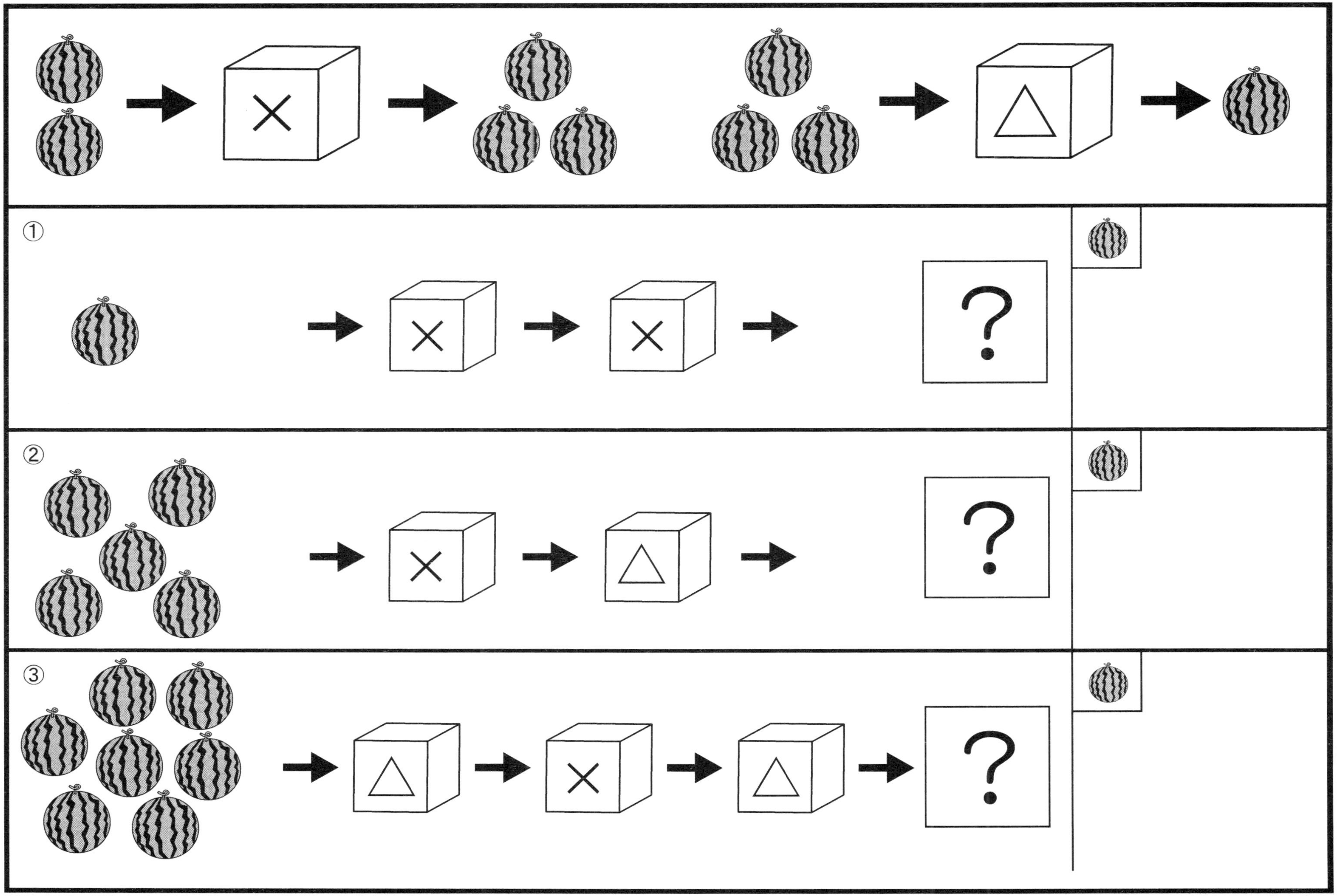

問題１６

①

②

日本学習図書株式会社

問題１７

①

②

③

④

③

②

①

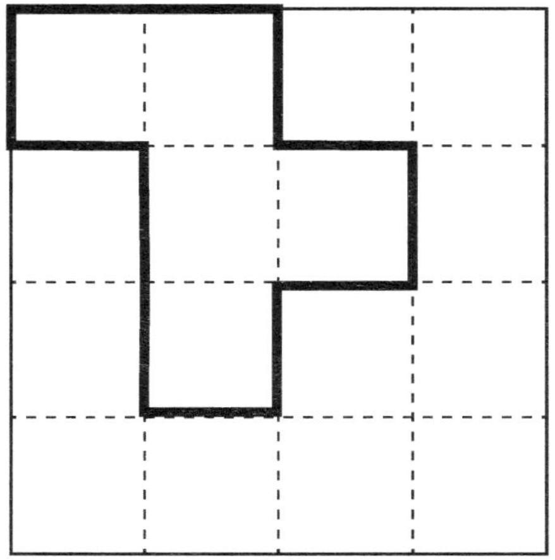

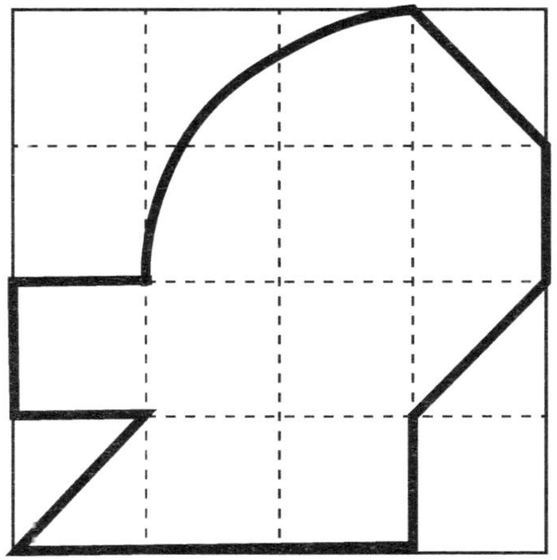

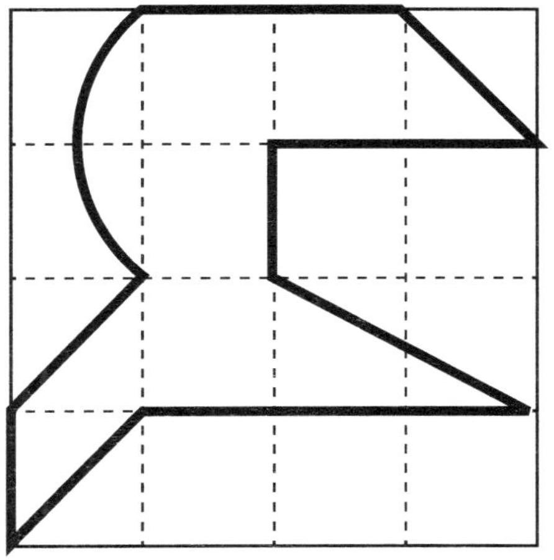

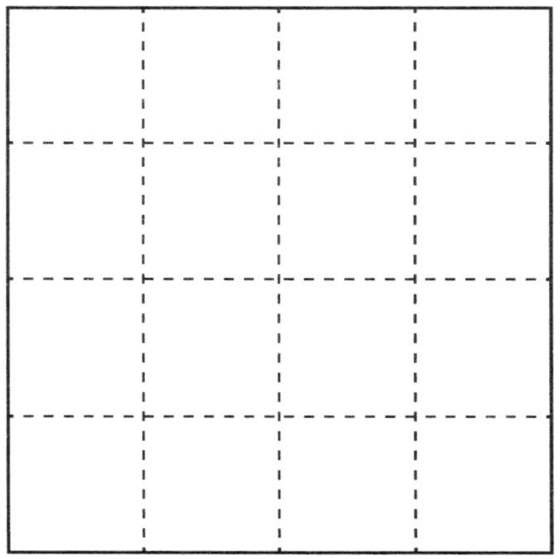

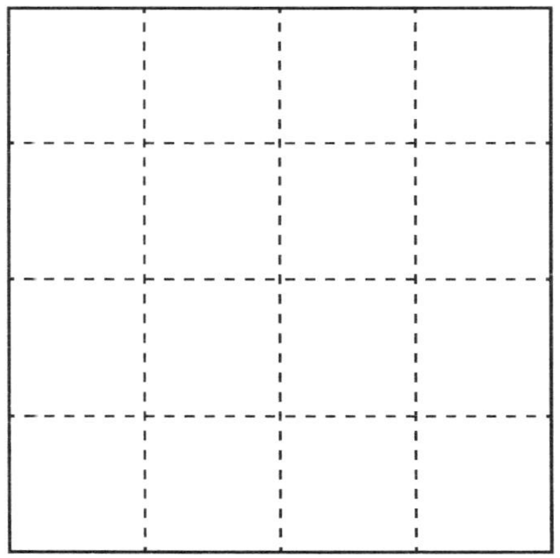

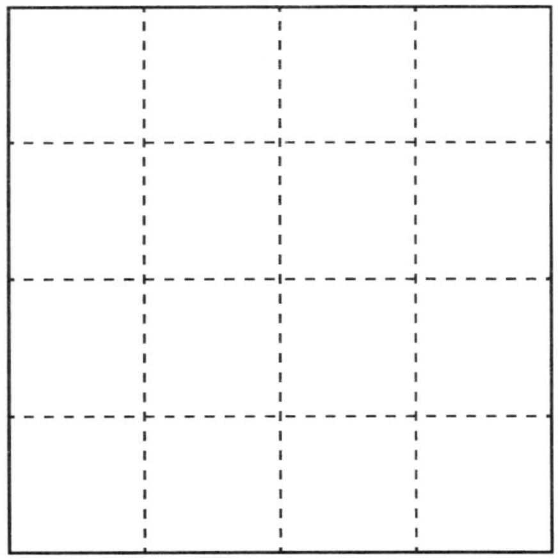

問題21

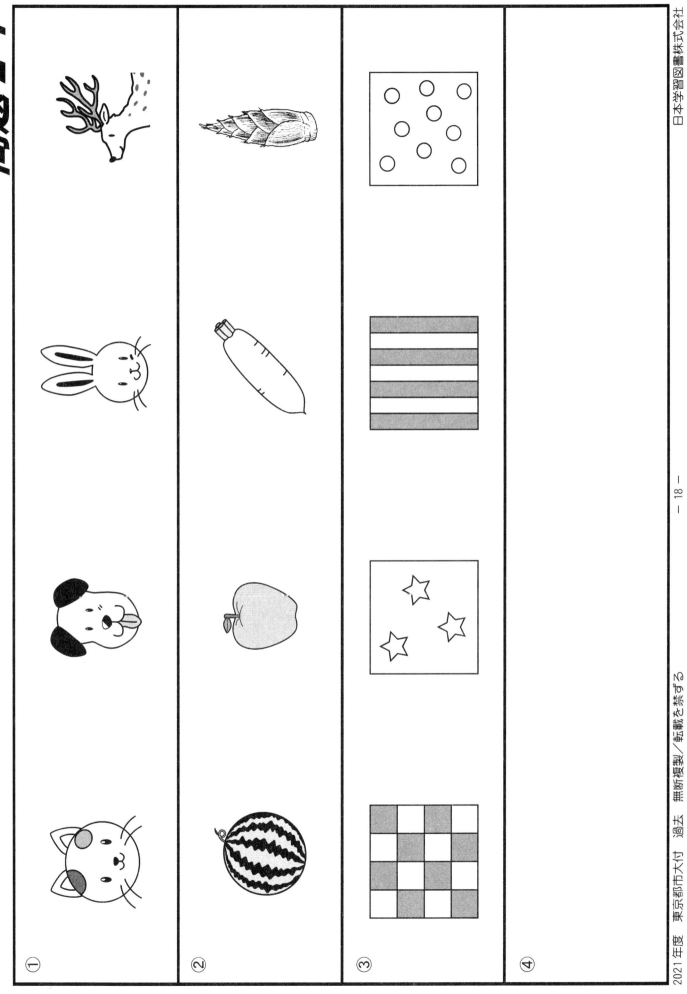

問題２２

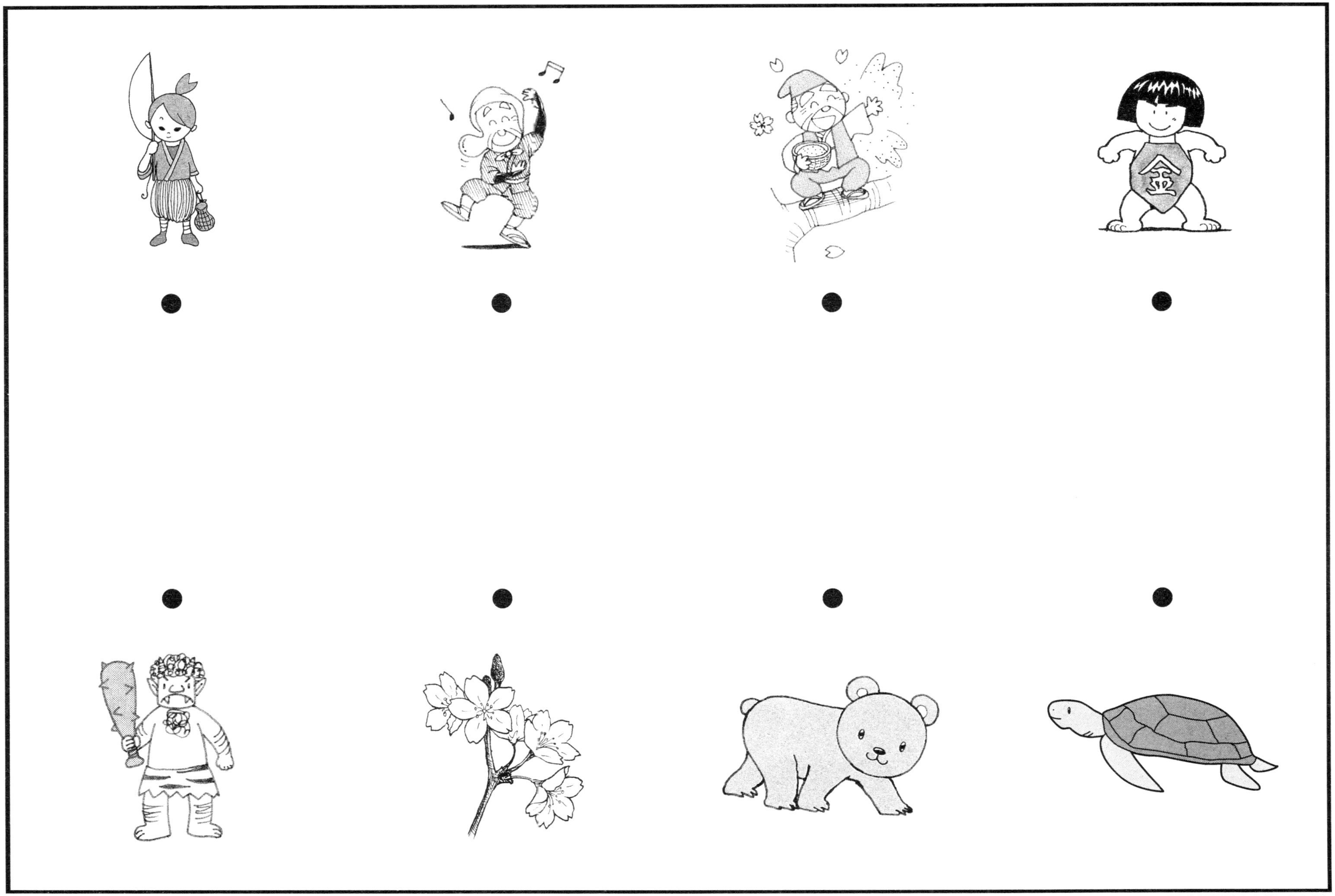

2021年度　東京都市大付　過去　無断複製／転載を禁ずる　日本学習図書株式会社

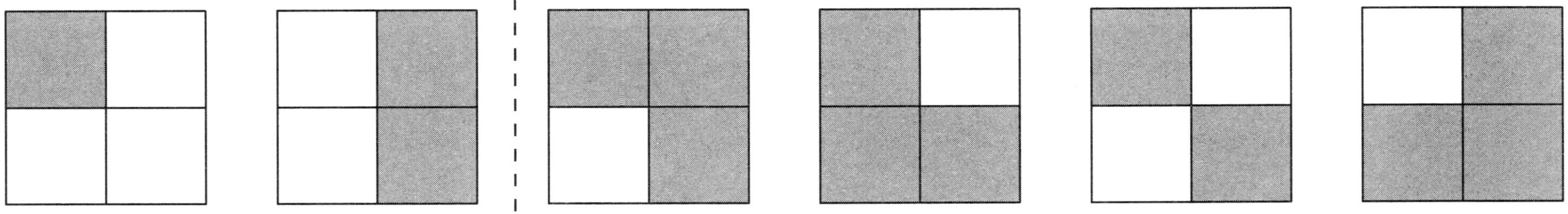

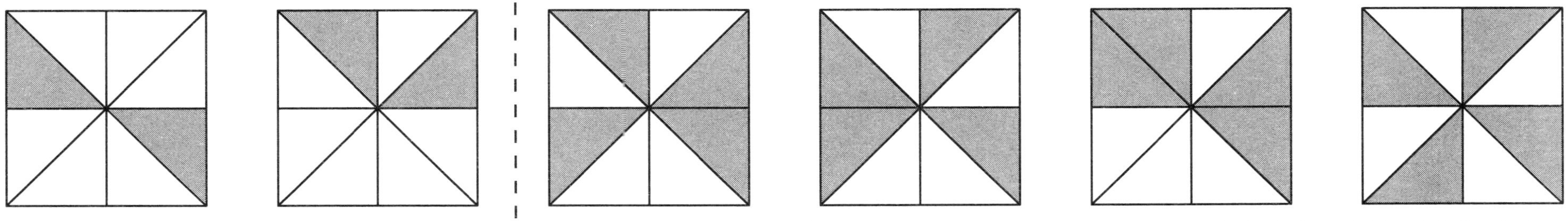

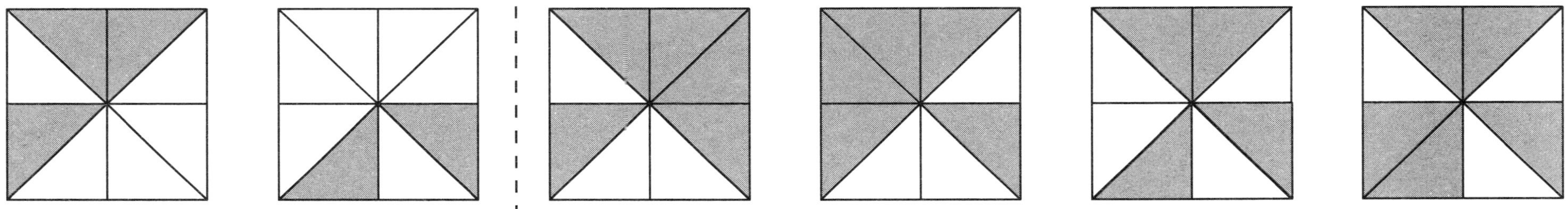

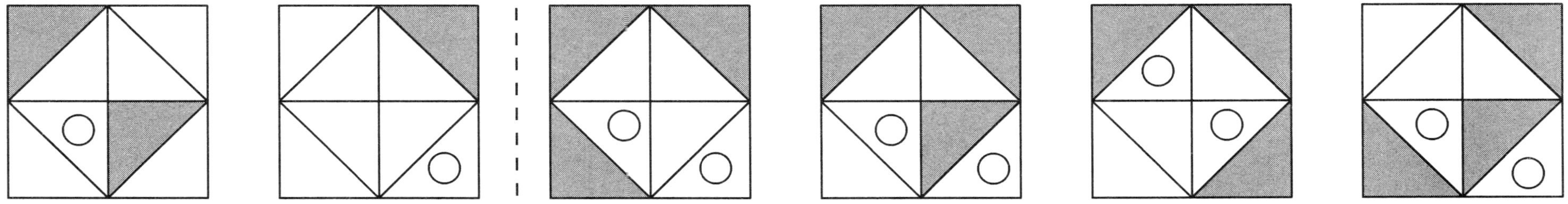

問題２４

①

②

③

④

問題２５

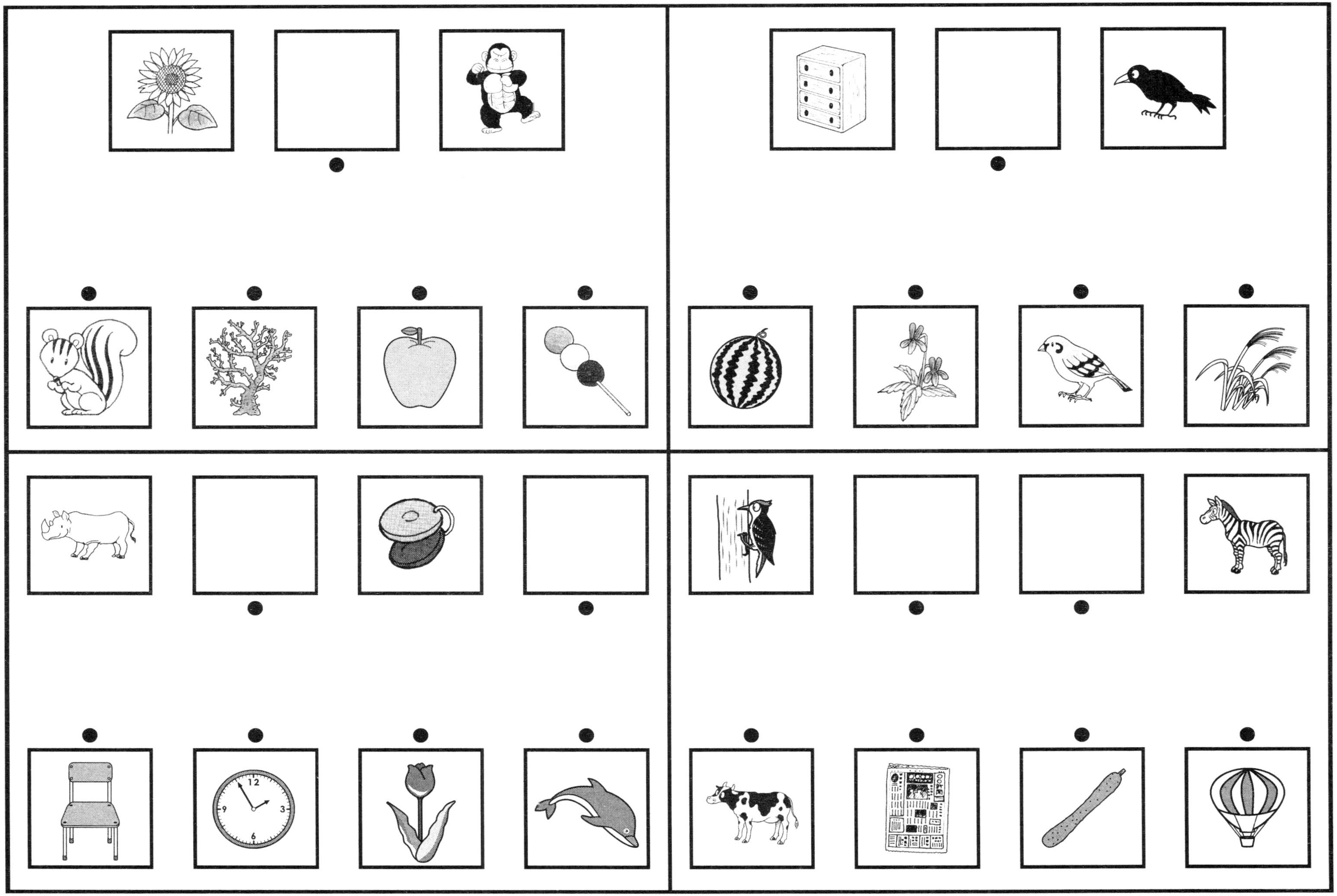

2021年度　東京都市大付　過去　無断複製／転載を禁ずる　日本学習図書株式会社

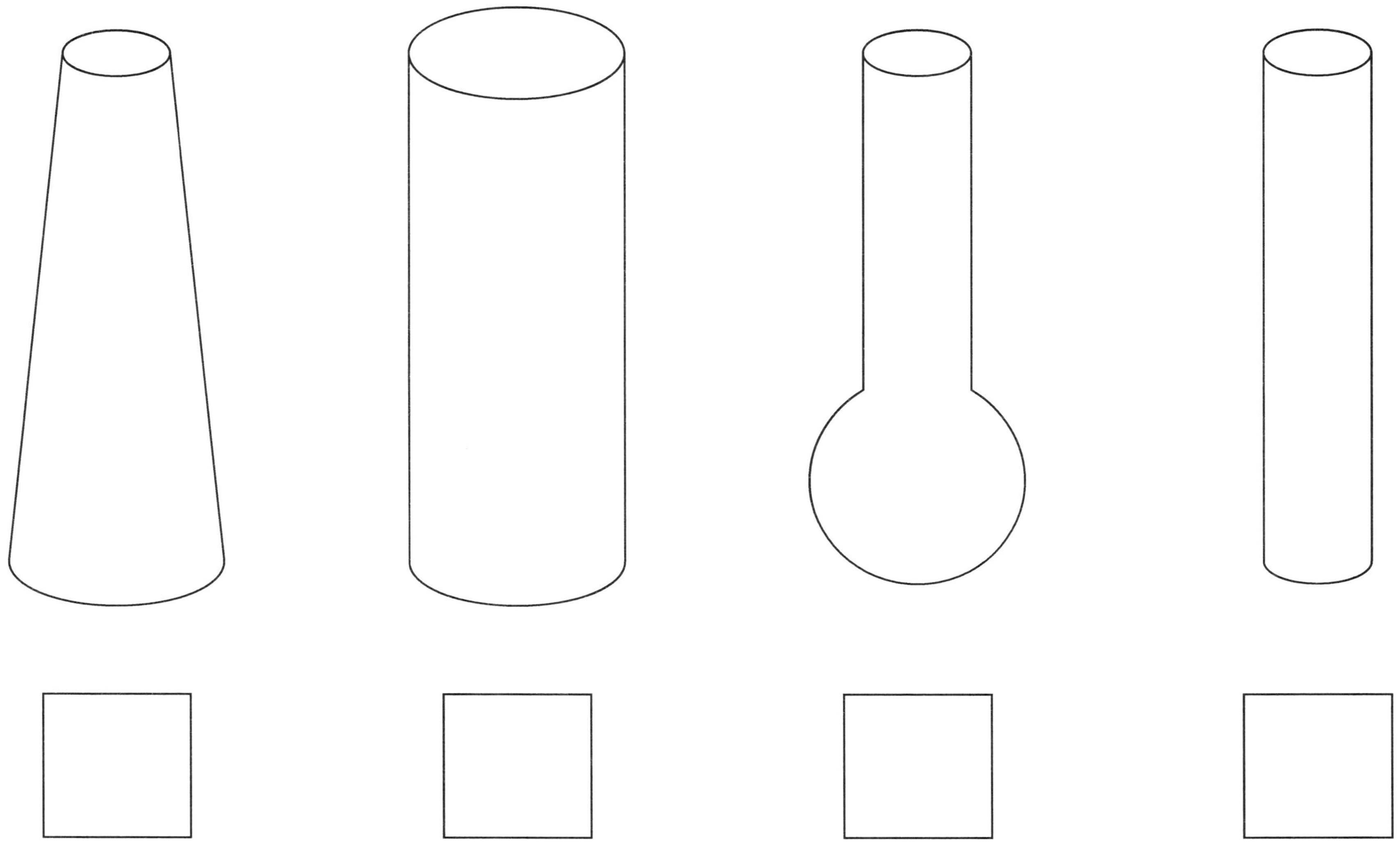

問題２７

①

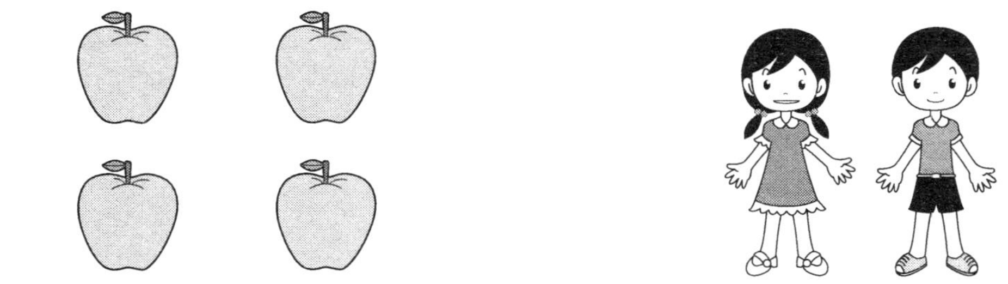

②

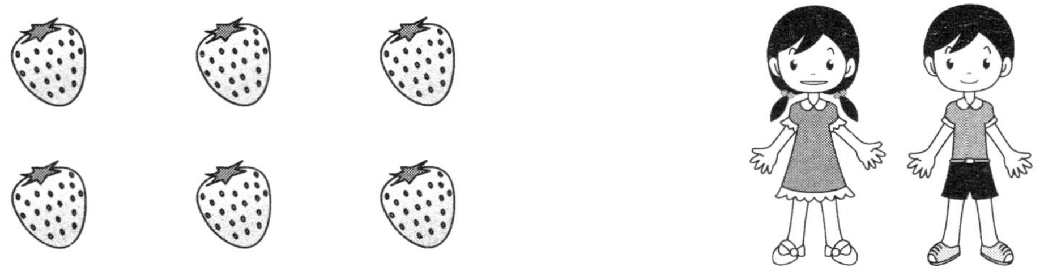

③

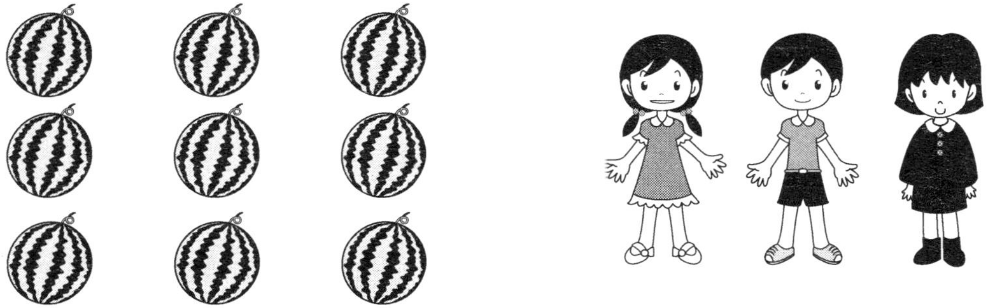

④

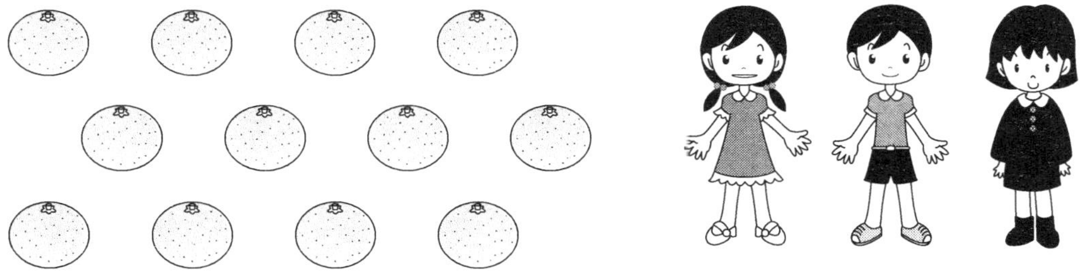

　

2021年度　東京都市大付　過去　無断複製／転載を禁ずる

日本学習図書株式会社

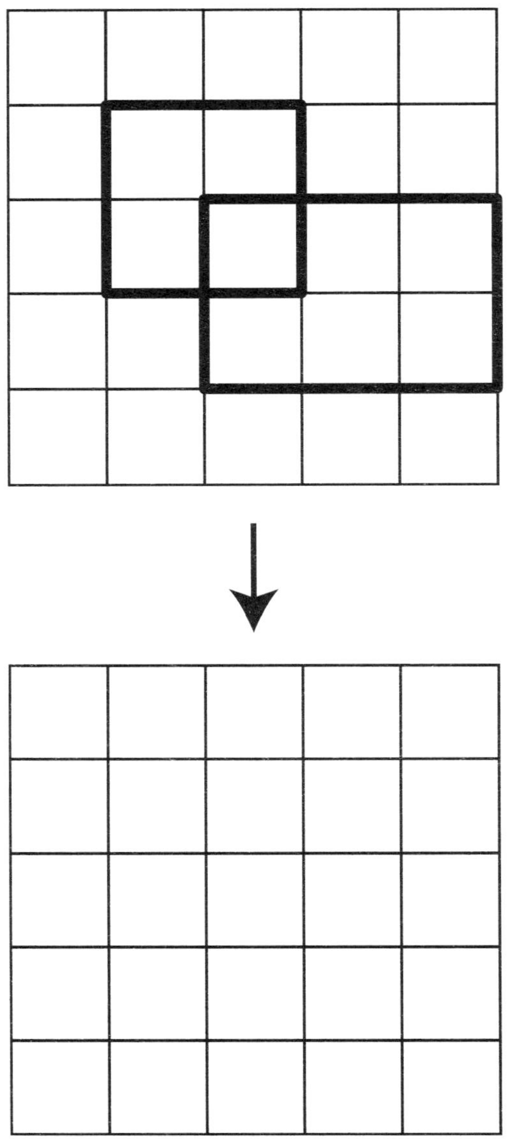

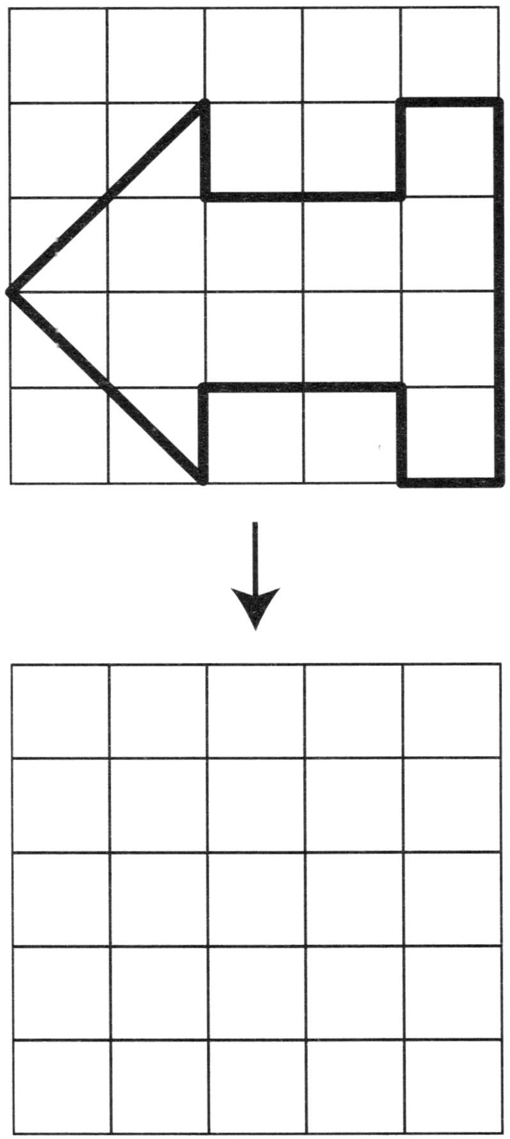

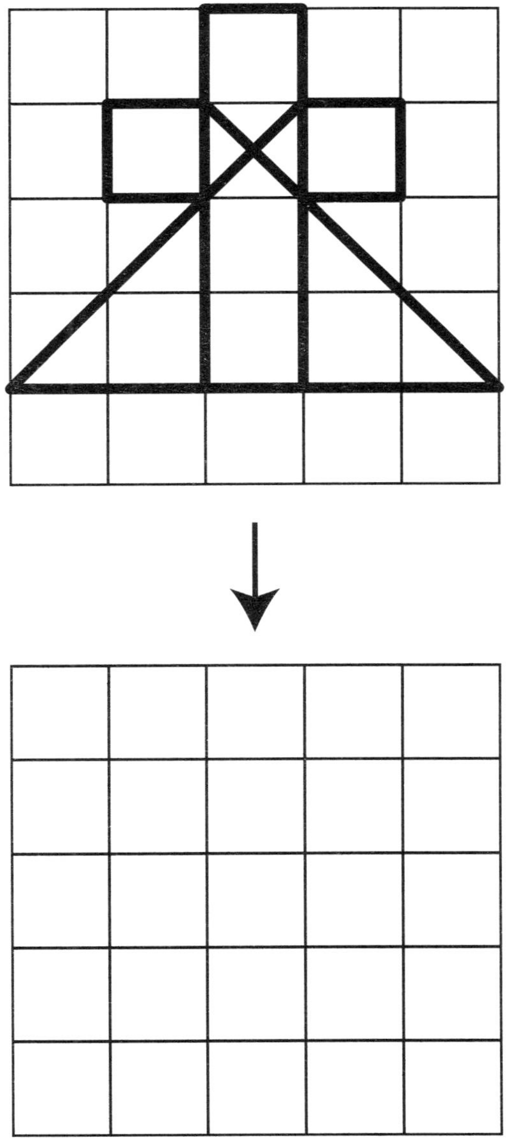

問題２９

②画用紙を３つ折りにし、
端をセロハンテープで留める。

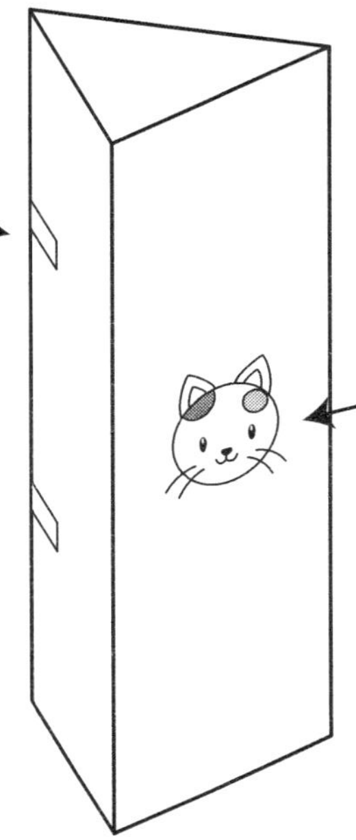

③クーピーペンで絵を描く。

④⑤２人で協力してドミノにする。

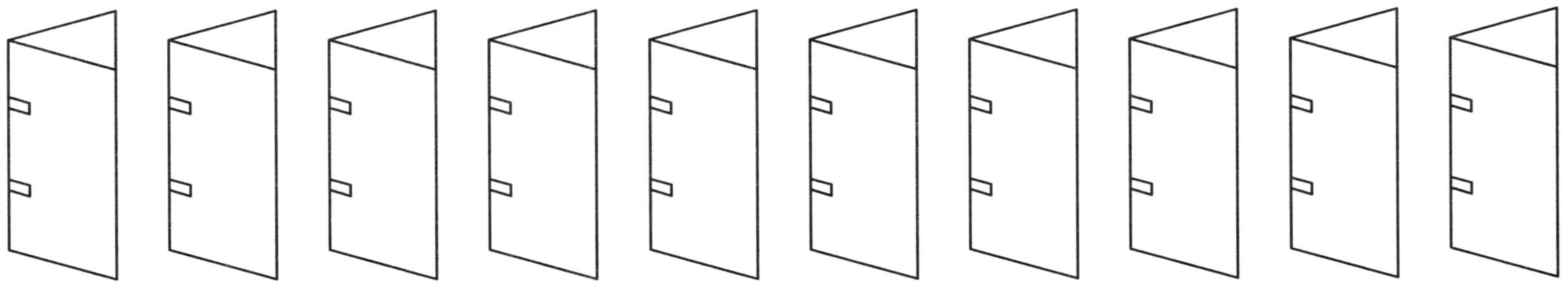

問題30

2021年度　東京都市大付　過去　無断複製／転載を禁ずる

日本学習図書株式会社

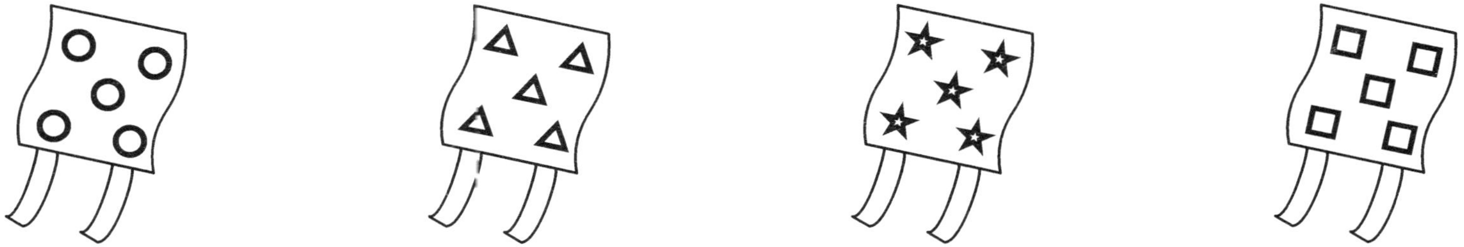

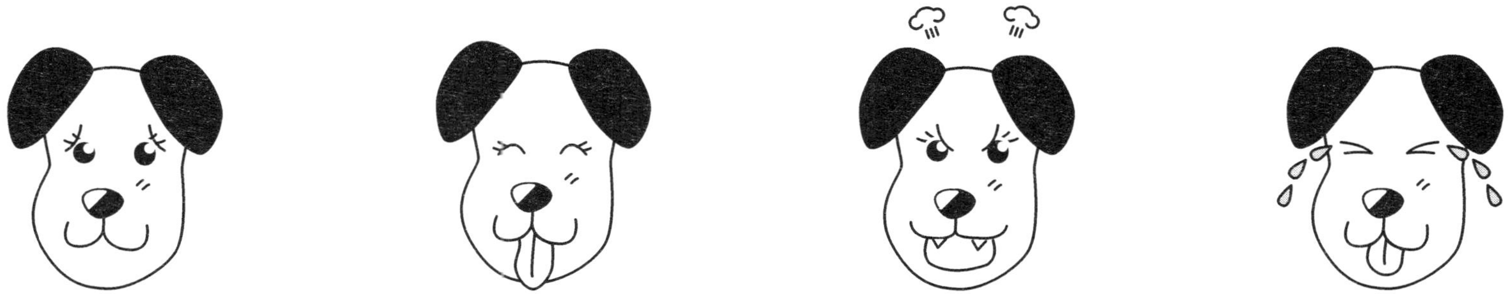

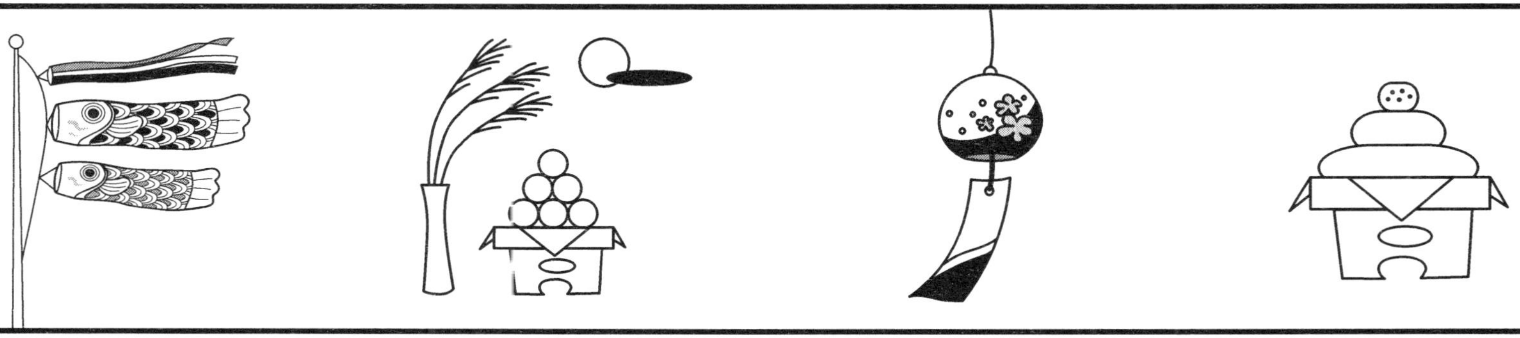

問題３１

①

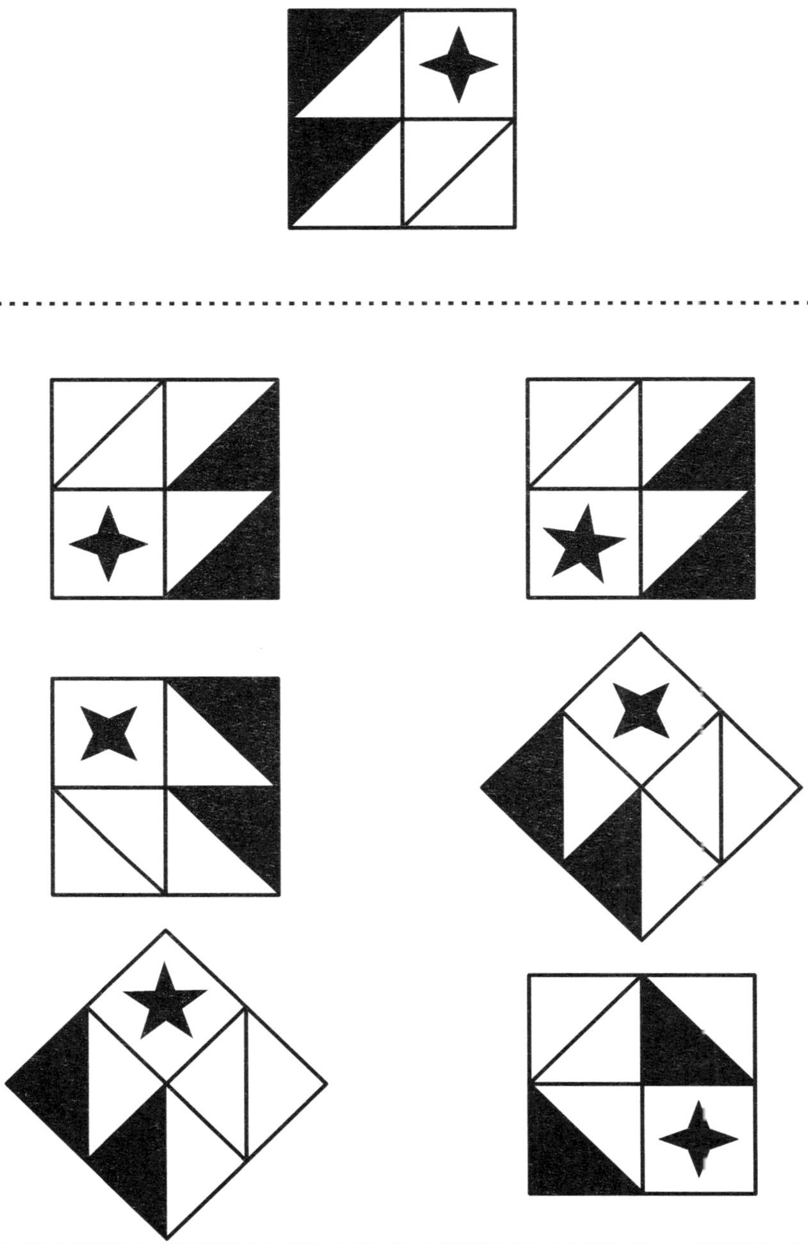

②

2021年度　東京都市大付　過去　無断複製／転載を禁ずる　日本学習図書株式会社

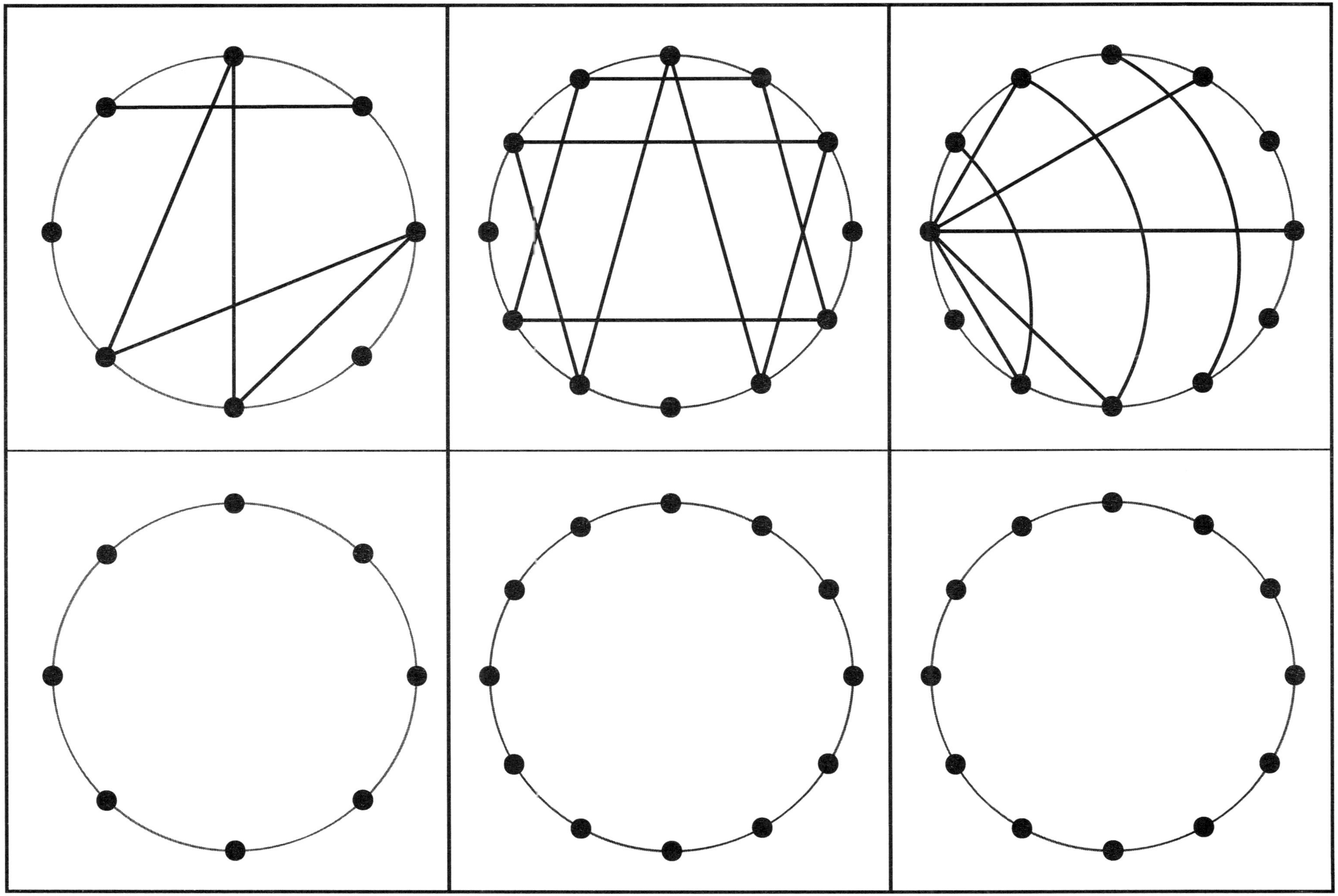

問題３３

①

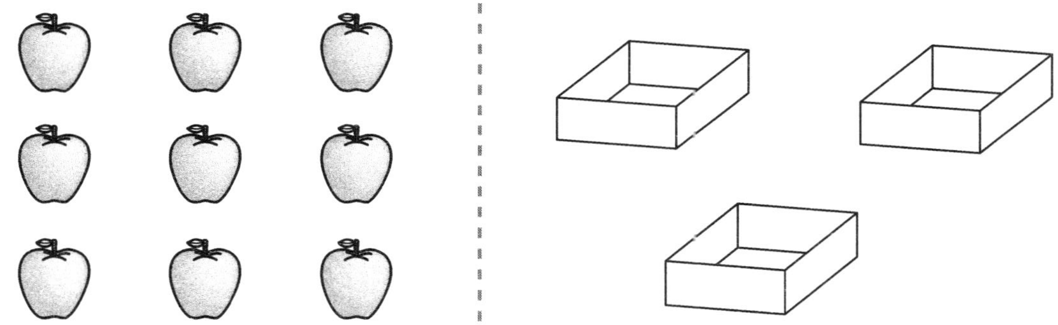

②

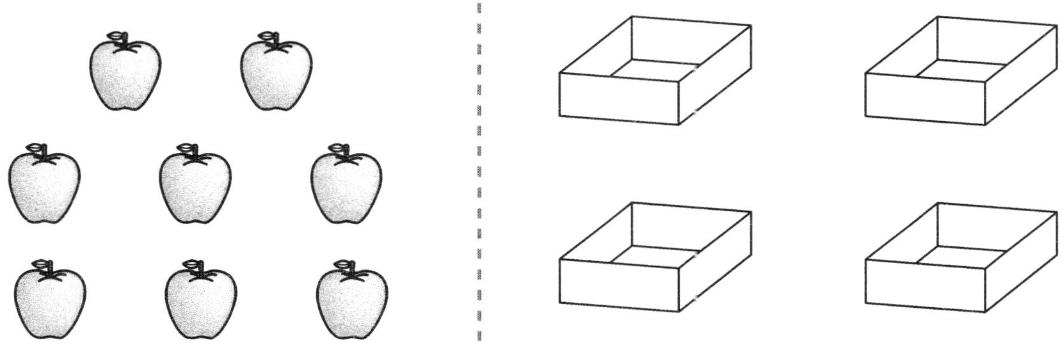

③

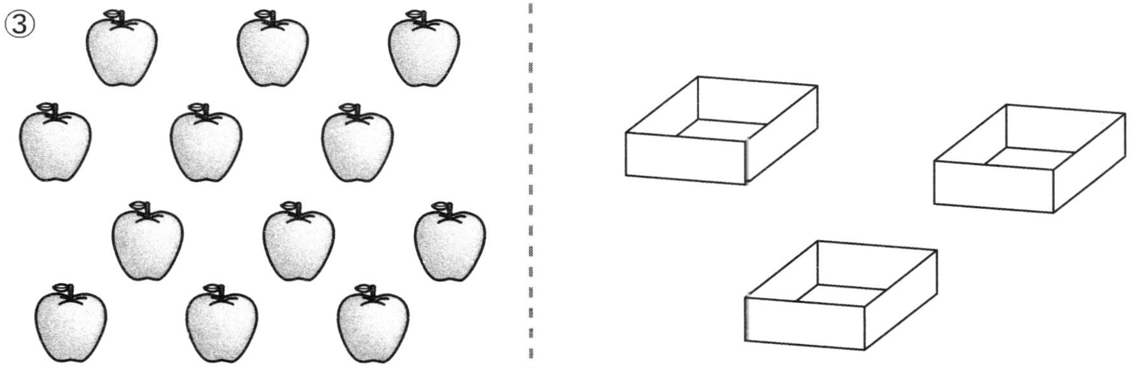

日本学習図書株式会社

2021 年度　東京都市大付　過去　無断複製／転載を禁ずる

日本学習図書株式会社

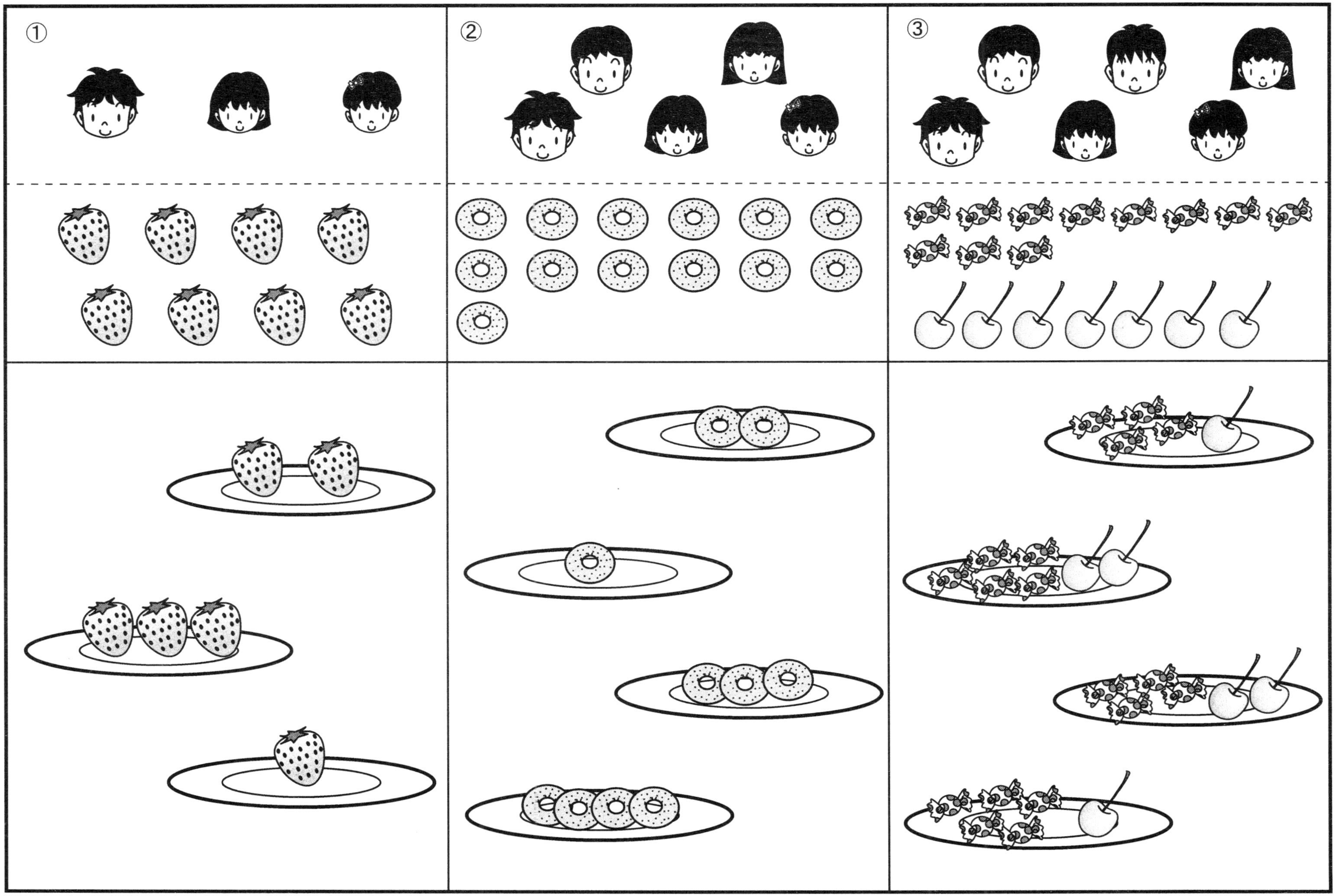

問題３５

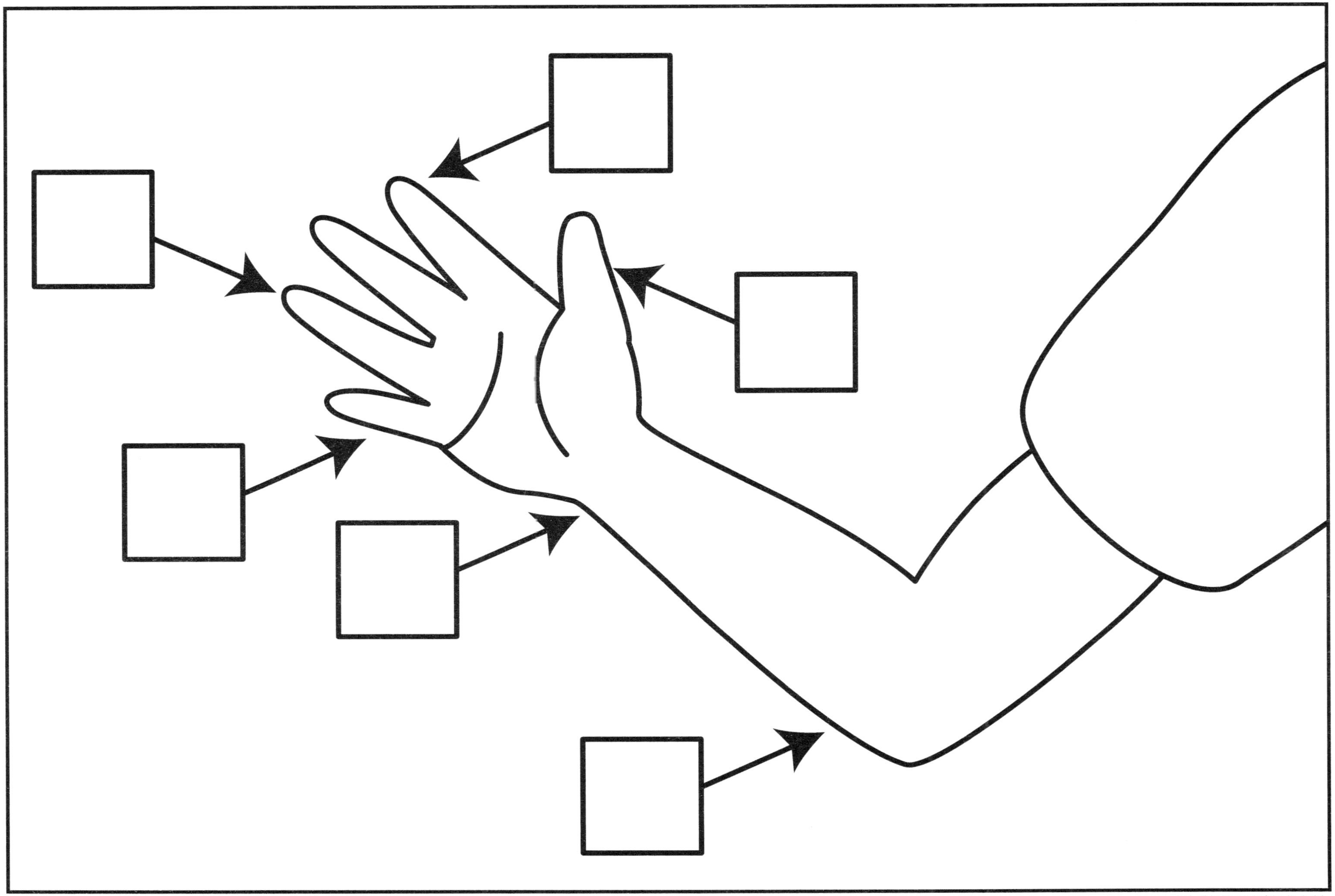

問題36

①

②

③

④

日本学習図書株式会社

2021年度　東京都市大付　過去　無断複製／転載を禁ずる

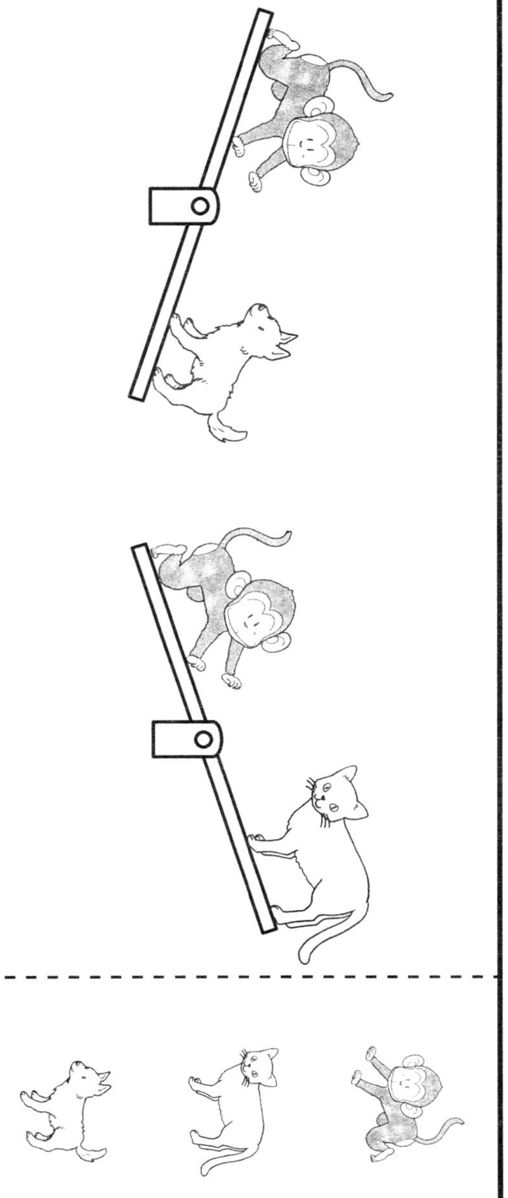

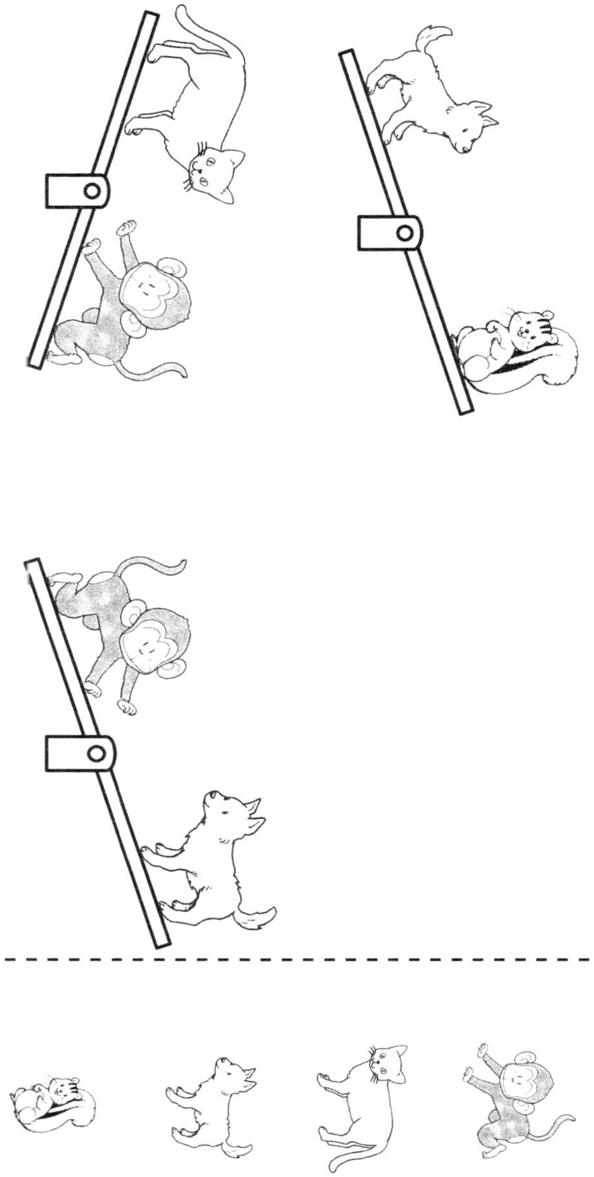

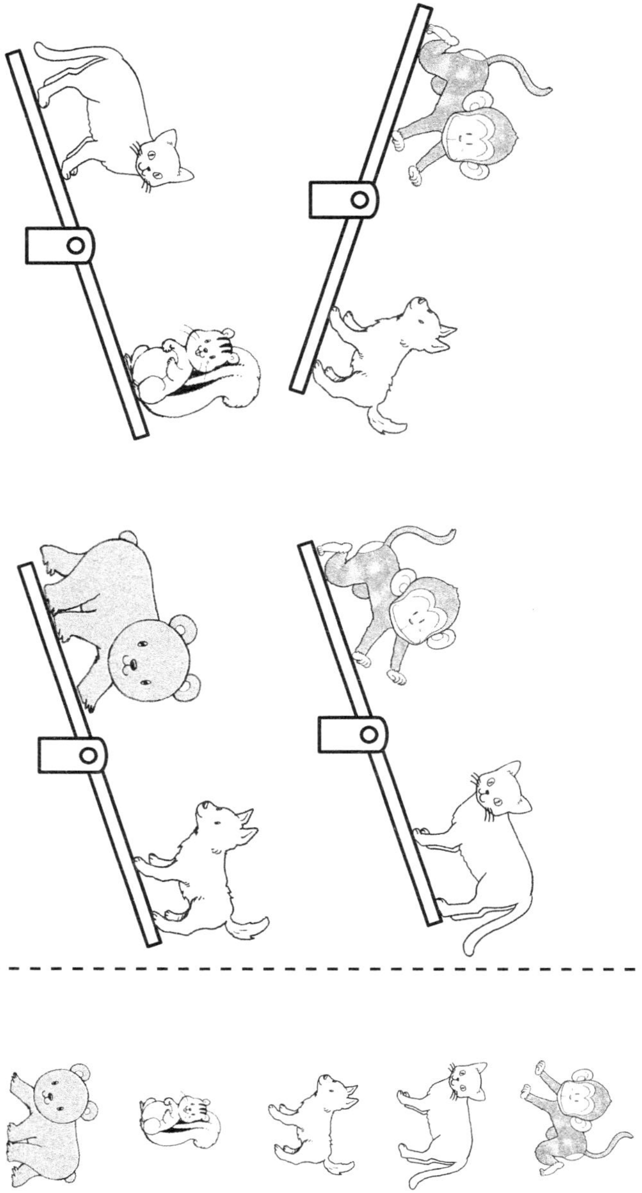

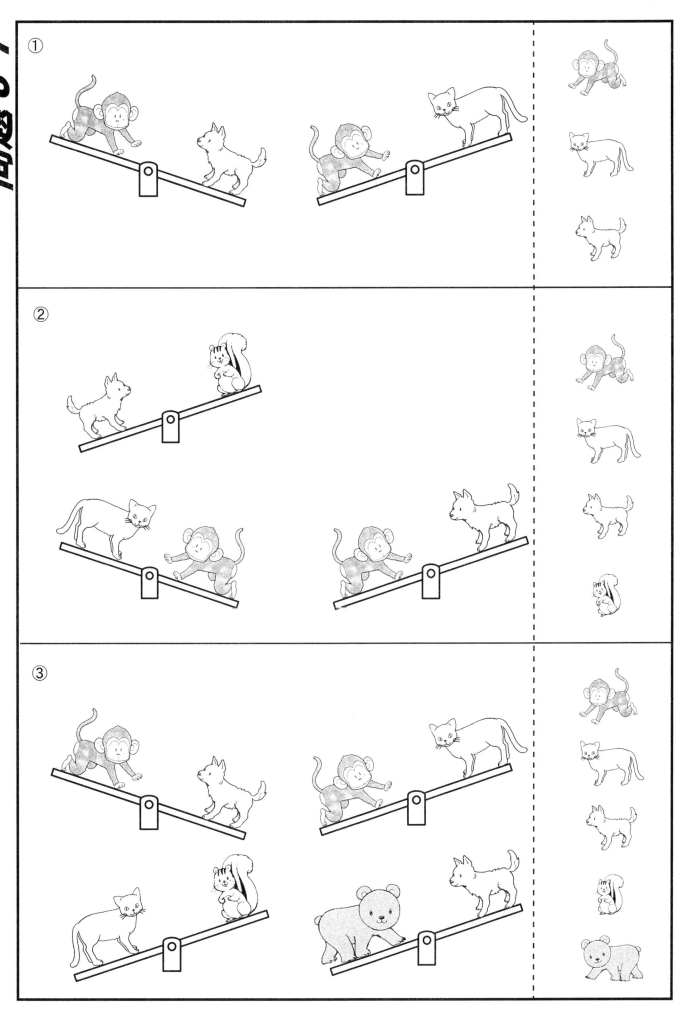

問題３９

日本学習図書株式会社

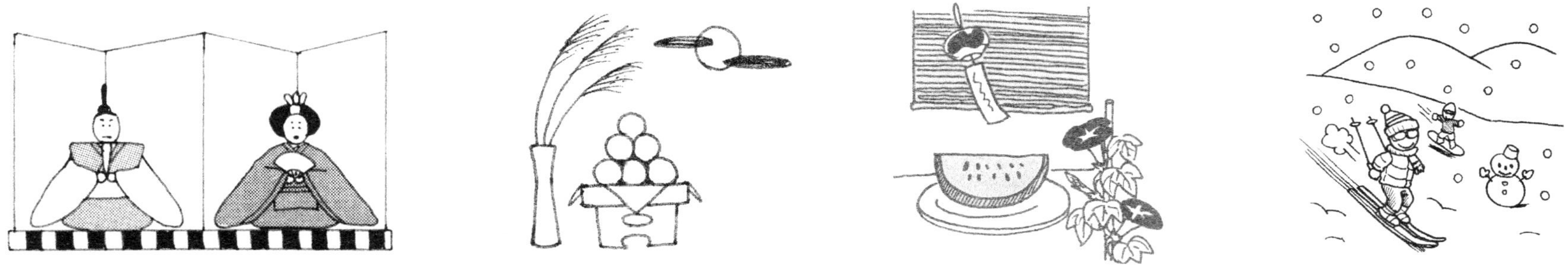

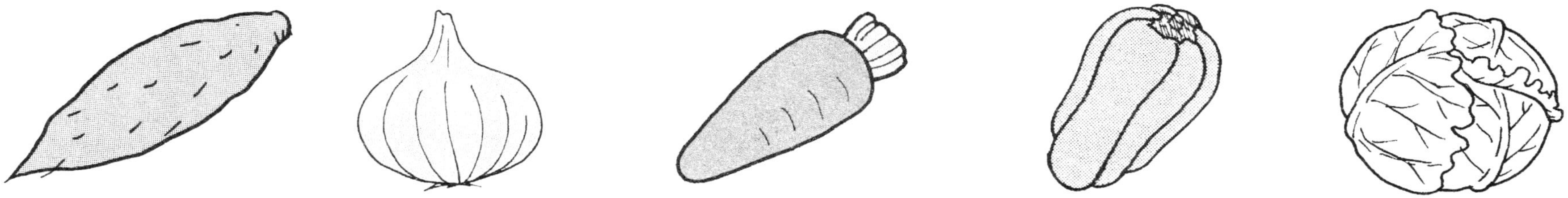

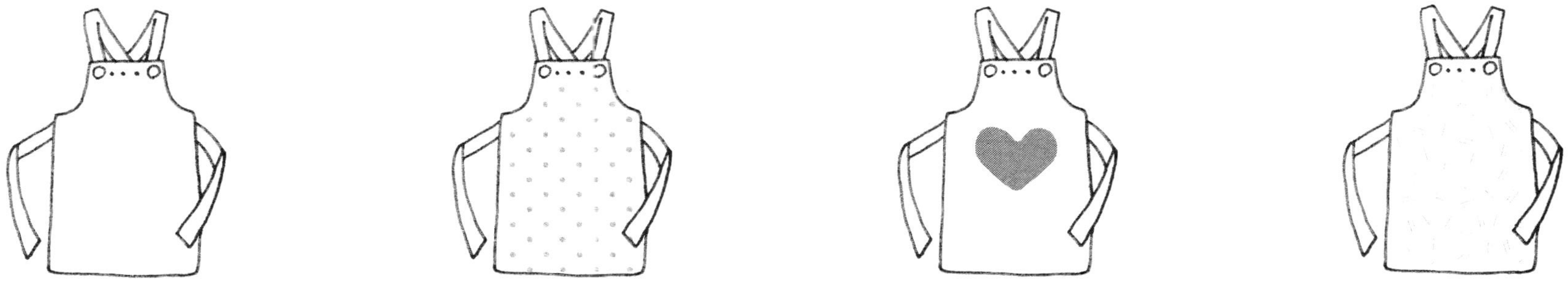

問題40

①

②

③

④

日本学習図書株式会社

図書カード 1000 円分プレゼント

ご記入日 令和　　年　　月　　日

☆国・私立小学校受験アンケート☆

※可能な範囲でご記入下さい。選択肢は○で囲んで下さい。

〈小学校名〉＿＿＿＿＿＿＿＿＿＿　〈お子さまの性別〉男・女　〈誕生月〉＿＿月

〈その他の受験校〉（複数回答可）＿＿＿＿＿＿＿＿＿＿＿＿＿＿＿＿

〈受験日〉①：＿＿月＿＿日〈時間〉＿＿時＿＿分　～　＿＿時＿＿分

②：＿＿月＿＿日〈時間〉＿＿時＿＿分　～　＿＿時＿＿分

〈受験者数〉男女計＿＿名　（男子＿＿名　女子＿＿名）

〈お子さまの服装〉＿＿＿＿＿＿＿＿＿＿＿＿＿＿＿＿

〈入試全体の流れ〉（記入例）準備体操→行動観察→ペーパーテスト

＿＿＿＿＿＿＿＿＿＿＿＿＿＿＿＿＿＿＿＿＿＿＿＿

Eメールによる情報提供

日本学習図書では、Eメールでも入試情報を募集しております。

下記のアドレスに、アンケートの内容をご入力の上、メールをお送り下さい。

ojuken@nichigaku.jp

●行動観察　（例）好きなおもちゃで遊ぶ・グループで協力するゲームなど

〈実施日〉＿＿月＿＿日〈時間〉＿＿時＿＿分　～　＿＿時＿＿分〈着替え〉□有　□無

〈出題方法〉□肉声　□録音　□その他（　　　　　　）〈お手本〉□有　□無

〈試験形態〉□個別　□集団（　　　人程度）　〈会場図〉

〈内容〉

□自由遊び

＿＿＿＿＿＿＿＿＿＿＿＿＿＿＿＿

□グループ活動

＿＿＿＿＿＿＿＿＿＿＿＿＿＿＿＿

□その他

＿＿＿＿＿＿＿＿＿＿＿＿＿＿＿＿

●運動テスト（有・無）　（例）跳び箱・チームでの競争など

〈実施日〉＿＿月＿＿日〈時間〉＿＿時＿＿分　～　＿＿時＿＿分〈着替え〉□有　□無

〈出題方法〉□肉声　□録音　□その他（　　　　　　）〈お手本〉□有　□無

〈試験形態〉□個別　□集団（　　　人程度）　〈会場図〉

〈内容〉

□サーキット運動

□走り　□跳び箱　□平均台　□ゴム跳び

□マット運動　□ボール運動　□なわ跳び

□クマ歩き

□グループ活動＿＿＿＿＿＿＿＿＿＿＿＿＿＿＿＿

□その他＿＿＿＿＿＿＿＿＿＿＿＿＿＿＿＿

●知能テスト・口頭試問

〈実施日〉＿＿月＿＿日　〈時間〉＿＿時＿＿分　～　＿＿時＿＿分　〈お手本〉□有　□無

〈出題方法〉　□肉声　□録音　□その他（　　　　　　）　〈問題数〉＿＿枚　＿＿問

分野	方法	内　　容	詳　細・イ　ラ　ス　ト
（例） お話の記憶	☑筆記 □口頭	動物たちが待ち合わせをする話	（あらすじ） 動物たちが待ち合わせをした。最初にウサギさんが来た。次にイヌくんが、その次にネコさんが来た。最後にタヌキくんが来た。 （問題・イラスト） ３番目に来た動物は誰か 
お話の記憶	□筆記 □口頭		（あらすじ） （問題・イラスト）
図形	□筆記 □口頭		
言語	□筆記 □口頭		
常識	□筆記 □口頭		
数量	□筆記 □口頭		
推理	□筆記 □口頭		
その他	□筆記 □口頭		

●制作 （例）ぬり絵・お絵かき・工作遊びなど

〈実施日〉＿＿月＿＿日 〈時間〉＿＿時＿＿分 ～ ＿＿時＿＿分

〈出題方法〉 □肉声 □録音 □その他（　　　　　） 〈お手本〉□有 □無

〈試験形態〉 □個別 □集団（　　　人程度）

材料・道具	制作内容
□ハサミ □のり（□つぼ □液体 □スティック） □セロハンテープ □鉛筆 □クレヨン（　色） □クーピーペン（　色） □サインペン（　色）□ □画用紙（□ A4 □ B4 □ A3 　　□その他：　　　　） □折り紙 □新聞紙 □粘土 □その他（　　　　　）	□切る □貼る □塗る □ちぎる □結ぶ □描く □その他（　　　　　　　） タイトル：＿＿＿＿＿＿＿＿＿＿

●面接

〈実施日〉＿＿月＿＿日 〈時間〉＿＿時＿＿分 ～ ＿＿時＿＿分 〈面接担当者〉＿＿名

〈試験形態〉□志願者のみ（　　）名 □保護者のみ □親子同時 □親子別々

〈質問内容〉

※試験会場の様子をご記入下さい。

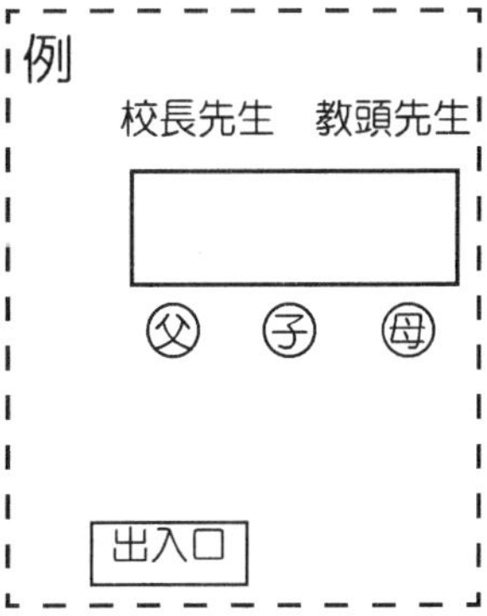

□志望動機 □お子さまの様子

□家庭の教育方針

□志望校についての知識・理解

□その他（　　　　　　　　　　　　　）

（ 詳 細 ）

・

・

・

・

●保護者作文・アンケートの提出（有・無）

〈提出日〉 □面接直前 □出願時 □志願者考査中 □その他（　　　　　　　　　）

〈下書き〉 □有 □無

〈アンケート内容〉

（記入例）当校を志望した理由はなんですか（150 字）

●説明会（□有　□無）〈開催日〉　　月　　日〈時間〉　　時　　分　～　　時　　分

〈上履き〉　□要　□不要　〈願書配布〉　□有　□無　〈校舎見学〉　□有　□無

〈ご感想〉

●参加された学校行事（複数回答可）

公開授業〈開催日〉　　月　　日〈時間〉　　時　　分　～　　時　　分

運動会など〈開催日〉　　月　　日〈時間〉　　時　　分　～　　時　　分

学習発表会・音楽会など〈開催日〉　　月　　日〈時間〉　　時　　分　～　　時　　分

〈ご感想〉

※是非参加したほうがよいと感じた行事について

●受験を終えてのご感想、今後受験される方へのアドバイス

※対策学習（重点的に学習しておいた方がよい分野）、当日準備しておいたほうがよい物など

＊＊＊＊＊＊＊＊＊＊＊＊　ご記入ありがとうございました　＊＊＊＊＊＊＊＊＊＊＊＊

必要事項をご記入の上、ポストにご投函ください。

なお、本アンケートの送付期限は入試終了後３ヶ月とさせていただきます。また、入試に関する情報の記入量が当社の基準に満たない場合、謝礼の送付ができないことがございます。あらかじめご了承ください。

ご住所：〒

お名前：　　　　　　　　　メール：

ＴＥＬ：　　　　　　　　　ＦＡＸ：

アンケートのご記入
ありがとうございました

ご記入頂いた個人に関する情報は、当社にて厳重に管理致します。弊社の個人情報取り扱いに関する詳細は、www.nichigaku.jp/policy.php の「個人情報の取り扱い」をご覧下さい。

分野別 小学入試練習帳 ジュニアウォッチャー

1．点・線図形	小学校入試で出題頻度の高い『点・線図形』の模写を、難易度の低いものから段階別に幅広く練習することができるように構成。
2．座標	図形の位置模写という作業を、難易度の低いものから段階別に練習できるように構成。
3．パズル	様々なパズルの問題を難易度の低いものから段階別に練習できるように構成。
4．同図形探し	小学校入試で出題頻度の高い、同図形選びの問題を繰り返し練習できるように構成。
5．回転・展開	図形などを回転、または展開したとき、形がどのように変化するかを学習し、理解を深められるように構成。
6．系列	数、図形などの様々な系列問題を、難易度の低いものから段階別に練習できるように構成。
7．迷路	迷路の問題を繰り返し練習できるように構成。
8．対称	対称に関する問題を４つのテーマに分類し、各テーマごとに問題を段階別に練習できるように構成。
9．合成	図形の合成に関する問題を、難易度の低いものから段階別に練習できるように構成。
10．四方からの観察	もの（立体）を様々な角度から見て、どのように見えるかを推理する問題を段階別に整理し、１つの形式で複数の問題を練習できるように構成。
11．いろいろな仲間	ものや動物、植物の共通点を見つけ、分類していく問題を中心に構成。
12．日常生活	日常生活における様々な問題を６つのテーマに分類し、各テーマごとに一つの問題形式で複数の問題を練習できるように構成。
13．時間の流れ	『時間』に着目し、様々なものごとは、時間が経過するとどのように変化するのかということを学習し、理解できるように構成。
14．数える	様々なものを『数える』ことから、数の多少の判定やかけ算、わり算の基礎までを練習できるように構成。
15．比較	比較に関する問題を５つのテーマ（数、高さ、長さ、量、重さ）に分類し、各テーマごとに問題を段階別に練習できるように構成。
16．積み木	数える対象を積み木に限定した問題集。
17．言葉の音遊び	言葉の音に関する問題を５つのテーマに分類し、各テーマごとに問題を段階別に練習できるように構成。
18．いろいろな言葉	表現力をより豊かにするいろいろな言葉として、擬態語や擬声語、同音異義語、反意語、数詞を取り上げた問題集。
19．お話の記憶	お話を聴いてその内容を記憶、理解し、設問に答える形式の問題集。
20．見る記憶・聴く記憶	「見て憶える」「聴いて憶える」という『記憶』分野に特化した問題集。
21．お話作り	いくつかの絵を元にしてお話を作る練習をして、想像力を養うことができるように構成。
22．想像画	描かれてある形や景色に好きな絵を描くことにより、想像力を養うことができるように構成。
23．切る・貼る・塗る	小学校入試で出題頻度の高い、はさみやのりなどを用いた巧緻性の問題を繰り返し練習できるように構成。
24・絵画	小学校入試で出題頻度の高い、お絵かきやぬり絵などクレヨンやクーピーペンを用いた巧緻性の問題を繰り返し練習できるように構成。
25．生活巧緻性	小学校入試で出題頻度の高い日常生活の様々な場面における巧緻性の問題集。
26．文字・数字	ひらがなの清音、濁音、拗音、拗長音、促音と１～20までの数字に焦点を絞り、練習できるように構成。
27．理科	小学校入試で出題頻度が高くなりつつある理科の問題を集めた問題集。
28．運動	出題頻度の高い運動問題を種目別に分けて構成。
29．行動観察	項目ごとに問題提起をし、「このような時はどうか、あるいはどう対処するのか」の観点から問いかける形式の問題集。
30．生活習慣	学校から家庭に提起された問題と思って、一問一問絵を見ながら話し合い、考える形式の問題集。

31．推理思考	数、量、言語、常識（含理科、一般）など、諸々のジャンルから問題を構成し、近年の小学校入試問題傾向に沿って構成。
32．ブラックボックス	箱や筒の中を通ると、どのようなお約束でどのように変化するかを推理・思考する問題集。
33．シーソー	重さの違うものをシーソーに乗せた時どちらに傾くのか、またどうすればシーソーは釣り合うのかを思考する基礎的な問題集。
34．季節	様々な行事や植物などを季節別に分類できるように知識をつける問題集。
35．重ね図形	小学校入試で頻繁に出題されている「図形を重ね合わせてできる形」についての問題を集めました。
36．同数発見	様々な物を数え「同じ数」を発見し、数の多少の判断や数の認識の基礎を学べるように構成した問題集。
37．選んで数える	数の学習の基本となる、いろいろなものの数を正しく数える学習を行う問題集。
38．たし算・ひき算１	数字を使わず、たし算とひき算の基礎を身につけるための問題集。
39．たし算・ひき算２	数字を使わず、たし算とひき算の基礎を身につけるための問題集。
40．数を分ける	数を等しく分ける問題です。等しく分けたときに余りが出るものもあります。
41．数の構成	ある数がどのような数で構成されているか学んでいきます。
42．一対多の対応	一対一の対応から、一対多の対応まで、かけ算の考え方の基礎学習を行います。
43．数のやりとり	あげたり、もらったり、数の変化をしっかりと学びます。
44．見えない数	指定された条件から数を導き出します。
45．図形分割	図形の分割に関する問題集。パズルや合成の分野にも通じる様々な問題を集めました。
46．回転図形	「回転図形」に関する問題集。やさしい問題から始め、いくつかの代表的なパターンから、段階を踏んで学習できるよう編集されています。
47．座標の移動	「マス目の指示通りに移動する問題」と「指示された数だけ移動する問題」を収録。
48．鏡図形	鏡で左右反転させた時の見え方を考えます。平面図形から立体図形、文字、絵まで。
49．しりとり	すべての学習の基礎となる「言葉」を学ぶこと、特に「語彙」を増やすことに重点をおき、さまざまなタイプの「しりとり」問題を集めました。
50．観覧車	観覧車やメリーゴーラウンドなどを舞台にした「回転系列」の問題集。「推理思考」分野の問題ですが、要素として「図形」や「数量」も含みます。
51．運筆①	鉛筆の持ち方を学び、点線なぞり、お手本を見ながらの模写で、線を引く練習をします。
52．運筆②	運筆①からさらに発展し、「欠所補完」や「迷路」などを楽しみながら、より複雑な鉛筆運びを習得することを目指します。
53．四方からの観察 積み木編	積み木を使用した「四方からの観察」に関する問題を練習できるように構成。
54．図形の構成	見本の図形がどのような部分によって形づくられているかを考えます。
55．理科②	理科的知識に関する問題を集中して練習する「常識」分野の問題集。
56．マナーとルール	道路や駅、公共の場でのマナー、安全や衛生に関する常識を学べるように構成。
57．置き換え	さまざまな具体的・抽象的事象を記号で表す「置き換え」の問題を扱います。
58．比較②	長さ・高さ・体積・数などを数学的な知識を使わず、論理的に推測する「比較」の問題を練習できるように構成。
59．欠所補完	線と線のつながり、欠けた絵に当てはまるものなどを求める「欠所補完」に取り組める問題集です。
60．言葉の音（おん）	しりとり、決まった順番の音をつなげるなど、「言葉の音」に関する問題に取り組める練習問題集です。

◆◆ニチガクのおすすめ問題集◆◆

より充実した家庭学習を目指し、ニチガクではさまざまな問題集をとりそろえております!!

サクセスウォッチャーズ（全18巻）

①～⑱
本体各￥2,200＋税

全9分野を「基礎必修編」「実力アップ編」の2巻でカバーした、合計18冊。

各巻80問と豊富な問題数に加え、他の問題集では掲載していない詳しいアドバイスが、お子さまを指導する際に役立ちます。

各ページが、すぐに使えるミシン目付き。本番を意識したドリルワークが可能です。

ジュニアウォッチャー（既刊60巻）

①～60　（以下続刊）
本体各￥1,500＋税

入試出題頻度の高い9分野を、さらに60の項目にまで細分化。基礎学習に最適のシリーズ。

苦手分野におけるつまずきを、効率よく克服するための60冊です。

ポイントが絞られているため、無駄なく高い効果を得られます。

国立・私立NEWウォッチャーズ

言語／理科／図形／記憶
常識／数量／推理
本体各￥2,000＋税

シリーズ累計発行部数40万部以上を誇る大ベストセラー「ウォッチャーズシリーズ」の趣旨を引き継ぐ新シリーズ!!

実際に出題された過去問の「類題」を32問掲載。全問に「解答のポイント」付きだから家庭学習に最適です。「ミシン目」付き切り離し可能なプリント学習タイプ！

実践 ゆびさきトレーニング①・②・③

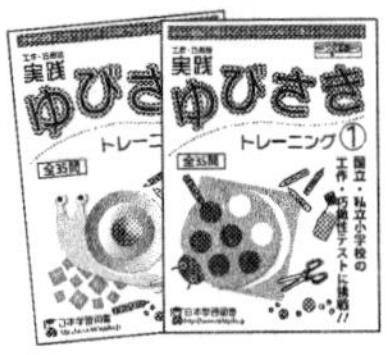

本体各￥2,500＋税

制作問題に特化した一冊。有名校が実際に出題した類似問題を35問掲載。

様々な道具の扱い（はさみ・のり・セロハンテープの使い方）から、手先・指先の訓練（ちぎる・貼る・塗る・切る・結ぶ）、また、表現することの楽しさも経験できる問題集です。

お話の記憶・読み聞かせ

［お話の記憶問題集］
中級／上級編
本体各￥2,000＋税

初級／過去類似編／ベスト30
本体各￥2,600＋税

1話5分の読み聞かせお話集①・②、入試実践編①
本体各￥1,800＋税

あらゆる学習に不可欠な、語彙力・集中力・記憶力・理解力・想像力を養うと言われているのが「お話の記憶」分野の問題。問題集は全問アドバイス付き。

分野別 苦手克服シリーズ（全6巻）

図形／数量／言語／
常識／記憶／推理
本体各￥2,000＋税

数量・図形・言語・常識・記憶の6分野。アンケートに基づいて、多くのお子さまがつまづきやすい苦手問題を、それぞれ40問掲載しました。

全問アドバイス付きですので、ご家庭において、そのつまづきを解消するためのプロセスも理解できます。

運動テスト・ノンペーパーテスト問題集

新 運動テスト問題集
本体￥2,200＋税

新 ノンペーパーテスト問題集
本体￥2,600＋税

ノンペーパーテストは国立・私立小学校で幅広く出題される、筆記用具を使用しない分野の問題を全40問掲載。

運動テスト問題集は運動分野に特化した問題集です。指示の理解や、ルールを守る訓練など、ポイントを押さえた学習に最適。全35問掲載。

口頭試問・面接テスト問題集

新 口頭試問・個別テスト問題集
本体￥2,500＋税

面接テスト問題集
本体￥2,000＋税

口頭試問は、主に個別テストとして口頭で出題解答を行うテスト形式。面接は、主に「考え」やふだんの「あり方」をたずねられるものです。

口頭で答える点は同じですが、内容は大きく異なります。想定する質問内容や答え方の幅を広げるために、どちらも手にとっていただきたい問題集です。

小学校受験 厳選難問集 ①・②

本体各￥2,600＋税

実際に出題された入試問題の中から、難易度の高い問題をピックアップし、アレンジした問題集。応用問題への挑戦は、基礎の理解度を測るだけでなく、お子さまの達成感・知的好奇心を触発します。

①は数量・図形・推理・言語、②は位置・常識・比較・記憶分野の難問を掲載。それぞれ40問。

国立小学校　対策問題集

国立小学校入試問題A・B・C
（全3巻）本体各￥3,282＋税

新 国立小学校直前集中講座
本体￥3,000＋税

国立小学校頻出の問題を厳選。細かな指導方法やアドバイスが掲載してあり、効率的な学習が進められます。「総集編」は難易度別にA～Cの3冊。付録のレーダーチャートにより得意・不得意を認識でき、国立小学校受験対策に最適です。入試直前の対策には「新 直前集中講座」！

おうちでチャレンジ ①・②

本体各￥1,800＋税

関西最大級の模擬試験である小学校受験標準テストのペーパー問題を編集した実力養成に最適な問題集。延べ受験者数10,000人以上のデータを分析しお子さまの習熟度・到達度を一目で判別。

保護者必読の特別アドバイス収録！

Q&Aシリーズ

『小学校受験で知っておくべき125のこと』
『小学校受験に関する 保護者の悩みQ&A』
『新 小学校受験の入試面接Q&A』
『新 小学校受験 願書・アンケート文例集500』
本体各￥2,600＋税
『小学校受験のための
願書の書き方から面接まで』
本体￥2,500＋税

「知りたい！」「聞きたい！」「こんな時どうすれば…？」そんな疑問や悩みにお答えする、オススメの人気シリーズです。

書籍についてのご注文・お問い合わせ
☎ 03-5261-8951

http://www.nichigaku.jp
※ご注文方法、書籍についての詳細は、Webサイトをご覧ください。

日本学習図書　検索

『読み聞かせ』×『質問』＝『聞く力』

お話の記憶の練習に最適

1話5分の
読み聞かせお話集①②

「アラビアン・ナイト」「アンデルセン童話」「イソップ寓話」「グリム童話」、日本や各国の民話、昔話、偉人伝の中から、教育的な物語や、過去に小学校入試でも出題された有名なお話を中心に掲載。お話ごとに、内容に関連したお子さまへの質問も掲載しています。「読み聞かせ」を通して、お子さまの『聞く力』を伸ばすことを目指します。

①巻・②巻　各48話

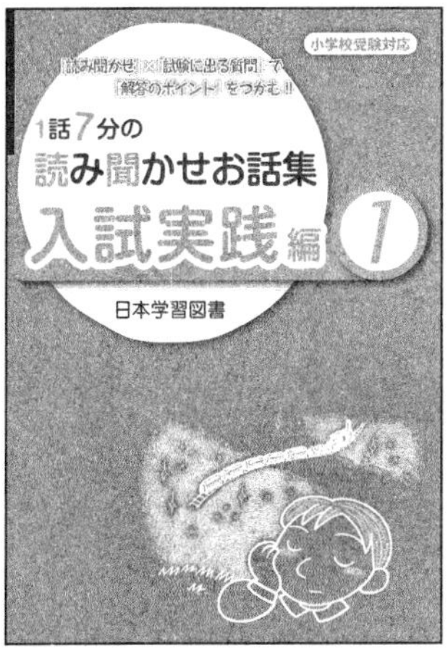

1話7分の読み聞かせお話集
入試実践編①

国立・私立小学校受験対応

最長1,700文字の長文のお話を掲載。有名でない＝「聞いたことのない」お話を聞くことで、『集中力』のアップを目指します。設問も、実際の試験を意識した設問としています。ペーパーテスト実施校の多くが「お話の記憶」の問題を出題します。毎日の「読み聞かせ」と「試験に出る質問」で、「解答のポイント」をつかんで臨みましょう！

50話収録

ニチガクの　この5冊で受験準備も万全！

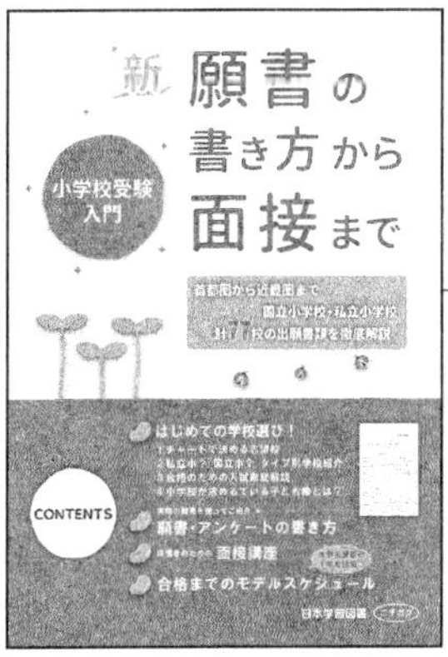

小学校受験入門
願書の書き方から面接まで　リニューアル版

主要私立・国立小学校の願書・面接内容を中心に、学校選びや入試の分野傾向、服装コーディネート、持ち物リストなども網羅し、受験準備全体をサポートします。

小学校受験で
知っておくべき125のこと

小学校受験の基本から怪しい「ウワサ」まで、保護者の方々からの125の質問にていねいに解答。目からウロコのお受験本。

新　小学校受験の
入試面接Q＆A　リニューアル版

過去十数年に遡り、面接での質問内容を網羅。小学校別、父親・母親・志願者別、さらに学校のこと・志望動機・お子さまについてなど分野ごとに模範解答例やアドバイスを掲載。

新　願書・アンケート
文例集500　リニューアル版

有名私立小、難関国立小の願書やアンケートに記入するための適切な文例を、質問の項目別に収録。合格を掴むためのヒントが満載！願書を書く前に、ぜひ一度お読みください。

小学校受験に関する
保護者の悩みQ＆A

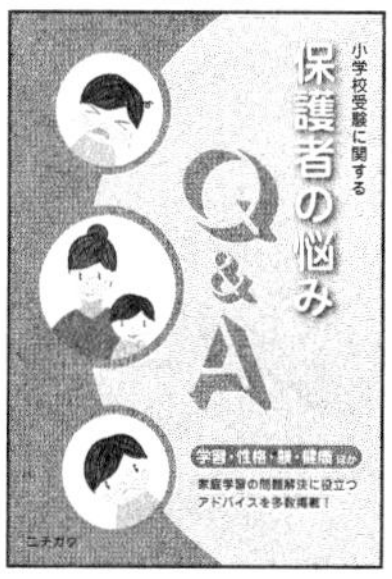

保護者の方約1,000人に、学習・生活・躾に関する悩みや問題を取材。その中から厳選した200例以上の悩みに、「ふだんの生活」と「入試直前」のアドバイス２本立てで悩みを解決。

日本学習図書株式会社